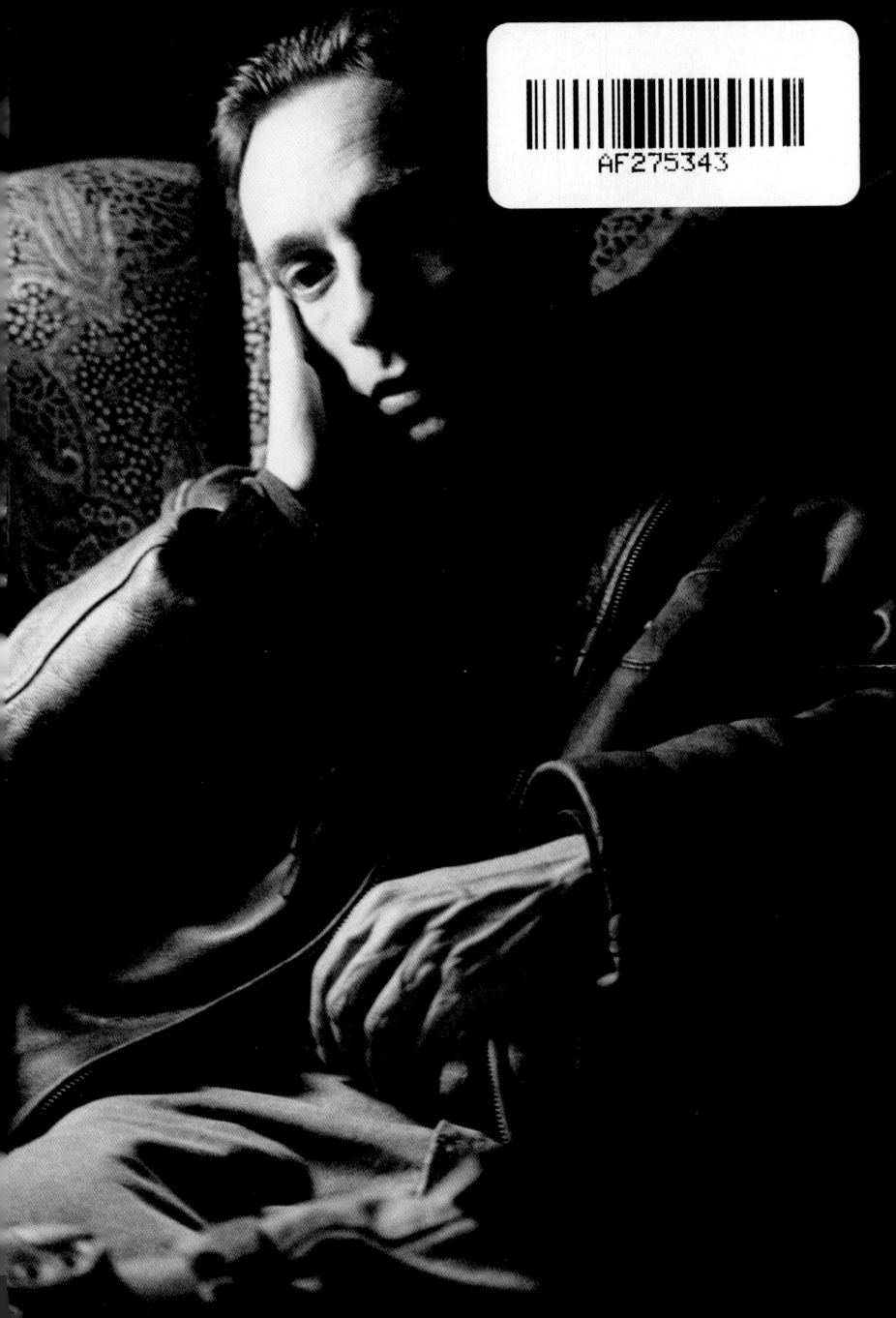

Biblioteca PHotoBolsillo

Manuel Bello

PHoto**Bolsillo**   LA FABRICA

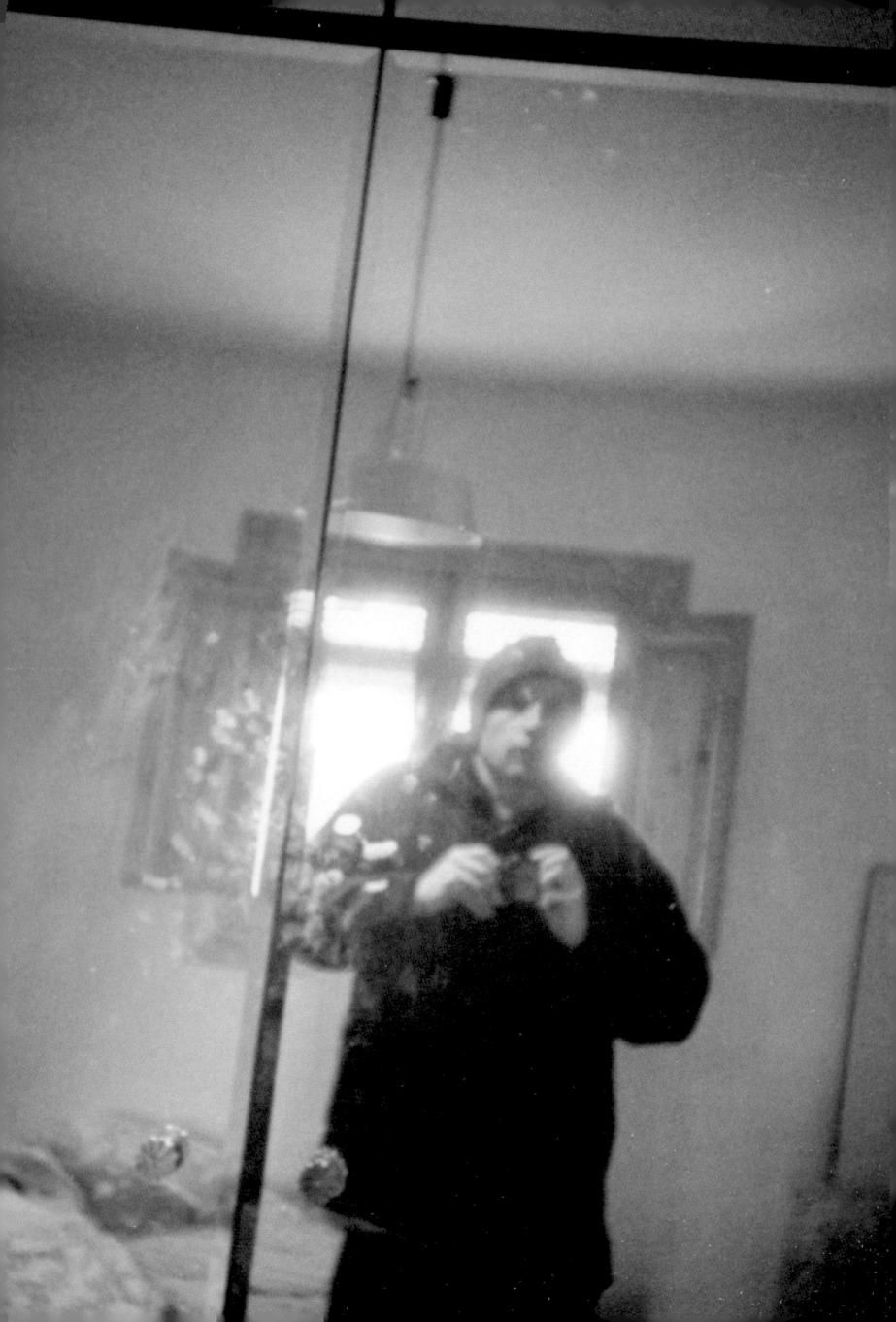

Manuel Bello
La niebla de toda una vida
Por Rafael Doctor

En 1990 tuve la suerte de toparme en la biblioteca de la Real Sociedad Fotográfica de Madrid con Manuel Santos, comisario y gran conocedor de la fotografía contemporánea, y al poco tiempo empecé a colaborar con él en el proyecto más ambicioso que sobre este medio se había llevado a cabo hasta el momento en nuestro país. *Cuatro direcciones. Fotografía contemporánea española, 1970-1990* fue una gran exposición inaugurada al año siguiente en el Museo Nacional Centro de Arte Reina Sofía a la que acompañaba una importante publicación que, a modo de gran directorio, venía a poner cierto orden y criterio al gran caos en el que se desarrollaba la fotografía de autor en España. Se trató de la primera apuesta oficial por la fotografía española en un momento de aceptación absoluta de esta y supuso una verdadera llamada de atención al sistema artístico y cultural sobre la importancia de este medio en la configuración del nuevo arte español.

España vivía una resaca de eso que se denominó transición democrática. A pesar de las grandes contradicciones y cuestiones sin resolver en esta evolución, el país amplió su mentalidad y adoptó una actitud nueva ante un presente en el que ya sentía que empezaba a pertenecer. Aparecían todo tipo de artistas de diferentes disciplinas que configuraban un ecosistema mucho más sano y abierto que el que había estado vigente hasta hacía pocos años.

El arte contemporáneo en España había sido por lo general una afición de altos burgueses y una ocupación poco practicada por personas no privilegiadas económicamente. Al estudiar la historia de la fotografía artística española hasta prácticamente unos pocos años, se observa a toda una serie de señores, solo hombres, muchos de ellos con títulos de marqueses y condes o grandes empresarios, que en su tiempo libre organizaban excursiones por todo el país para hacer las fotografías que luego ellos mismos revelaban en sus casas. Competían en concursos y se reunían en torno a ciertas revistas que daban claves técnicas y estéticas para avanzar en ese particular pasatiempo compartido. En los años setenta, con la irrupción de la revista *Nueva Lente* (1970-1979) y, en cierta medida, otras revistas extranjeras que comenzaron a editar también en castellano, el espectro de lo fotográfico se amplió tanto en sus temas y tratamientos como en el tipo de personas que accedían a su uso. La fotografía se empezó a democratizar de una manera muy amplia en una población joven ávida de nuevos estímulos y ansiosa por buscar su forma de expresión. Ante la falta de espacios expositivos y las pocas posibilidades de viajar al extranjero para nutrirse de los avances y los nuevos lenguajes, las revistas y los escasos libros que llegaban a difundirse eran los grandes referentes. La fotografía tenía pocas y blandas historias que contasen su ya casi siglo y medio de vida, y mucho menos una historia española propia.

En 1979, *Nueva Lente* publicó un número dedicado a un joven fotógrafo francés llamado Bernard Plossu. Era el único monográfico que había hecho la revista y supuso un revulsivo para toda una generación que, deseosa de información y referentes, buscaba autores con los que identificarse en el ejercicio creativo que quería desarrollar. Plossu, sin aún contar con el gran reconocimiento internacional que pronto adquiriría, empezó a ser un verdadero faro con el que muchos se dejaron iluminar o guiar en nuestro país. Surgía una fotografía de autor que intentaba mantener un equilibrio entre la narración autobiográfica y varios elementos hasta hace poco muy despreciados, como el movimiento, el desenfoque, los planos inesperados o la búsqueda de atención en lo normalmente fuera del foco. Con Bernard Plossu se colaron rápidamente en el ideario del fotógrafo español otros gigantes, como el norteamericano Robert Frank o el chileno Sergio Larraín, que ofrecían con sus trabajos una alternativa a ese instante decisivo que Cartier-Bresson había impuesto como mantra de la buena fotografía en todo el mundo durante las últimas décadas. Ahora esa idea tan rígida y formal saltaba por los aires, y la fotografía lograba por fin desligarse de los malabares de la casualidad y de la obsesión tan artificial de cazar instantes decisivos. El ámbito de lo fotográfico se ampliaba definitivamente, y todos los espacios, todos los lugares, todos los tiempos eran proclives a ser mirados y ser decisivos. Se imponía una fotografía que asumía los mecanismos propios del medio y que, además, se había dejado influenciar sin miedo por el cine y la poesía. Una fotografía que se alejaba de querer informar sobre el mundo y que asumía sin complejos un sentido más trascendental. Así, en esta época de cambio político y social de España, la fotografía, como baluarte de ese cambio, se convirtió en el medio predilecto de miles de jóvenes que sentían que tenían algo que decir. La fotografía estaba cargada, como la poesía, de futuro y, en cierta medida, de esa agilidad que precisa todo cambio en el presente. Era el medio más ágil y democrático, y no exigía una formación técnica importante que imposibilitase su ejercicio. Aunque no desaparecieron esas estructuras de concursos y revistas, empezó a habitar nuevas publicaciones, nuevos espacios y a ofrecerse de manera diferente. Los bares modernos siempre estaban dispuestos a prestar sus paredes a esos nuevos artistas fotógrafos a los que aún se les negaban las paredes de las pocas galerías de arte convencionales que existían. De la misma forma, los centros culturales que se abrían por todas partes, así como las salas de exposiciones de los bancos y cajas, que fueron los principales espacios hasta ya entrados los años noventa, ofrecieron sus salas para mostrar la obra de esta nueva generación.

Y así, tras esos setenta y ochenta tan ingenuos como experimentales, en los noventa se empezó a asumir el fracaso y el desencanto surgidos con el despertar de esa nueva libertad. Se manifestó entonces la decepción en un país limitado que, difícilmente, más allá de la ilusión, podía aprobar todas las asignaturas que la larga dictadura había provocado. Los noventa nacían con un golpe de realidad en la asunción de la decepción de sentir, de vivir, en un espacio en el que todo estaba aún por hacer. Unos años atrás ya habían empezado a nacer los museos y los centros de arte contemporáneo, y ahora, casi como necesidad social, estas infraestructuras surgían por todas partes. Estábamos ante la *era del contenedor*, una sociedad en la que las ciudades y las regiones definían sus señas de identidad a golpe de museos de arte contemporáneo, auditorios y rotondas, al mismo tiempo que eran incapaces de ofrecer verdaderas estructuras de fomento general de la creación contemporánea. Todo ahora se enfocaba a un inminente 1992 que nos situaría definitivamente en el mapa occidental del que tan ajenos nos habíamos sentido durante medio siglo. Es en ese momento cuando la fotografía española, a base de crecer exponencialmente tanto en práctica como en interés general, es reclamada por la más importante institución artística del país. *Cuatro direcciones* intentaría de una vez por todas cerrar el antiguo debate de si la fotografía era arte y, por otra parte, abriría la puerta para que el museo aceptara definitivamente este lenguaje tan extendido ya en la creación contemporánea española.

Cuatro direcciones quiso plantear un mapeo general de los últimos veinte años en España y, para ello, Manuel Santos lanzó una invitación a todo el colectivo de la fotografía de creación del país para que enviasen un dosier con sus obras en diapositivas; después las juzgaría un amplio comité encargado de, por un lado, seleccionar los cuarenta trabajos que se incluirían en la exposición y, por otro, de elegir a los doscientos autores que formarían parte de un libro y un videodisco que recogerían sus obras más significativas. Yo trabajé en la coordinación y configuración de esos dosieres. Fue como un regalo que la vida me entregaba en ese momento en el que yo escribía mi aún inacabada tesis doctoral sobre la fotografía española contemporánea.

Recuerdo perfectamente cómo un día abrimos un sobre acolchado en el que había una carta muy sencilla, con un currículum prácticamente inexistente, y una hoja de plástico que portaba veinte diapositivas. El sobre lo remitía un tal Manuel Bello, que, por indicación del ya reconocido fotógrafo afincado en Granada Vicente del Amo, nos enviaba su trabajo. Como digo, un currículum mínimo de exposiciones y publicaciones, pero allí, sobre la caja de luz, apareció un grupo de imágenes que nos sobrecogieron por inesperadas, por ser absolutamente inéditas y por venir de alguien de quien no teníamos ni la más mínima referencia. Manuel Santos fue consciente desde el principio de su importancia y, cuando llegó el momento, presentó al comité de selección el trabajo. Una vez proyectado, los miembros del comité se quedaron sorprendidos por la calidad de esas imágenes en blanco y negro con una carga onírica tan alta y que no se parecían a nada de lo que estaban viendo esos días. Sin embargo, el comité convino en que para la exposición, que era una retrospectiva de veinte años en España, no se debía contar con alguien que acababa de surgir de la nada. Por supuesto, iría al libro y al videodisco, pero, a pesar de su calidad, consideraban que no era correcto que estuviera en esa exposición que premiaba a personas que llevaban mucho tiempo en la brecha, con el reconocimiento que confería estar en las paredes. Son decisiones que pueden cambiar una vida; decisiones que, cuando los que ejercemos este trabajo las tomamos, somos conscientes de que pueden abrir o cerrar caminos, pero, al fin y al cabo, decisiones que hay que tomar, aunque jamás estemos convencidos de si hemos acertado o no. Es la tómbola del mundo, que se rige por detalles pequeños en esto de juzgar un trabajo artístico; sea cual sea el fallo, siempre va a ser injusto. Manuel Bello formó parte de ese videodisco y de ese libro: aparecía allí como un gran desconocido, con dos o tres líneas como currículum, pero no estuvo en la exposición que, sin duda, habría supuesto un giro absoluto en su vida.

Hay que ponerse en situación para entender de dónde surge este autor. Granada, años ochenta y principios de los noventa. Una periferia de España, incluso una periferia de esa propia Andalucía tan centralizada que tanto se potenciaba en esta nueva etapa del país. Una ciudad con un enorme poso cultural que soporta aún el peso del franquismo, con la estela de Lorca o Val del Omar siempre girando en un intento por volver a ser dueña de un presente propio, por tener una voz válida y posible, pero siempre a la sombra de esa enorme historia que parece aplastar toda luz nueva. Granada, llena de estudiantes y militares, de turistas y gitanos, capaz de sobrevivir a la desidia institucional y al abandono que el propio conformismo de su intrínseca belleza le otorga. Es en esa Granada posfranquista, en la que ya se había abierto incluso una Facultad de Bellas Artes, donde hay que situar a Manuel Bello. Una Granada que aún tiene una gran conexión con los pueblos que la rodean, con una vega amplia, una Granada de callejuelas, pero no de alhambras, catedrales o mudejarismos varios. Una Granada que se salva a la sombra de sí misma y que, como ocurre en tantas otras ciudades, es refugio de muchos inadaptados a un sistema que sienten hostil y en el que no parecen encajar. Una Granada de inmensos poetas nuevos, aunque ahora sus versos no precisan de pequeñas publicaciones en papel, sino de fotografías o discos: es la Granada de Lagartija Nick, de Los Planetas o de Manuel Bello.

Yo no puedo hablar mucho de Manuel, pues no lo conocí. Si hablé con él para algo de esas maravillosas diapositivas para *Cuatro direcciones*, no me acuerdo. Sin embargo, tengo el recuerdo vago de algún contacto en relación con la solicitud de una beca de creación para un museo que dirigí en León a principios de este siglo. Sí recuerdo, sin embargo, el impacto de sus fotografías en esas hojas de diapositivas que ahora estarán en el Centro de Documentación del Museo Reina Sofía. De la misma forma que recuerdo recibir su libro *No hay camino al paraíso* (1999) hace mucho tiempo o haber visto unos años antes sus fotografías publicadas en la revista *El Europeo* acompañando a un texto de Joseph Brodsky. Me enteré de su muerte por las ya incipientes redes de 2009, y siete u ocho años después, cuando llegué a Almería para dirigir el Centro Andaluz de la Fotografía, lo hice con un amplio programa para desarrollar en cuatro años que incluía la recuperación de su memoria a través de una gran exposición y un libro. Desgraciadamente, no pude concluir ese trabajo, pues los nuevos gobernantes que retomaban tras varias décadas el poder consideraron que yo era demasiado libre como para dirigir un centro importante. Con todo, yo seguí mi camino y, aunque el proyecto quedó truncado, por eso del respeto y la a veces poco prolija justicia poética, hace poco más de un año, desde Granada, Paco Baena, que había escrito una novela inspirada en el propio Manuel Bello, me propuso continuar con el plan frustrado. Y aquí estamos, intentando simplemente sacar del olvido a alguien también demasiado libre para plegarse a tantas normas como parecen regir los funcionamientos de las estructuras que hacen que esto del mundo gire. Pero, antes de seguir, he de confesar mi absoluto fracaso, pues he de asumir que solo puedo aproximarme desde lo poético, desde mi biografía o desde mi propia pasión por la fotografía. Así, como la protagonista de la novela de Paco, yo iré hacia ese autor desde el propio espacio poético que me pueda permitir mi pasión por su trabajo.

¿Qué hay en Manuel Bello que lo hace diferente, tan atractivo para los ojos contemporáneos? ¿Qué tratamos de reivindicar volviendo a sacar a la luz estas fotografías? Aquí no hay un tema determinado. Me cuesta definir qué es lo que este autor ofrece. Son atmósferas que provocan, escenas o cosas que no intentan contar, sino sugerir. Casi nada se constriñe a un título, una fecha o un lugar. Es un trabajo que habita lo atemporal. No son instantáneas de nada, o no pretenden serlo. Es como si se tratase de evanescencias o efluvios a través de los cuales desarrollamos nuestra vida; o como si nos quisiera poner de manifiesto que, más allá de la evidencia de lo absoluto de la visión, existiese un umbral diferente, un estadio paralelo en el que todo es más bello e impreciso. Como si las palabras se pudiesen descomponer en una esencia primaria, algo más profundo. Pues no es una carretera lo que tenemos enfrente, o no solo es eso al menos; no estamos ante una escena concreta de un coche que ha volcado o unos vecinos que van a la feria, estamos ante algo que reside mucho más profundo del hecho de ese presente preciso del que surge. La vida, los lugares y las personas se convierten en algo accidental, una excusa para indagar mucho más allá y generar esas imágenes que nos evocan un nosequé, algo sin palabras, capaz de atraparnos y de llevarnos a esa otra dimensión que sabemos que existe, pero con la que solo podemos conectar a través de las diferentes formas de abordar lo poético. Yo no voy a ser tan miserable de intentar contar en este pequeño texto el porqué de estas obras. ¿Cómo voy a hablar de esa niebla? ¿Cómo definir esas luces en esa calle, esos gatos en la noche, esa mujer tumbada, esas flores secas o esas cruces en la carretera? ¿Qué voy a contar de ese cine en la noche, de esa madre al fondo, de esa luz en el edificio, de esa farola, ese niño o esa palmera? ¿Qué sé yo de ese camino, de esa sombra, de ese pasillo, de la cama de la casa vieja? ¿Por qué me atraviesa esa imagen con esa estampita de santa Gema, esa señal de tráfico, la silueta de ese árbol o esas luces de la noche? Un crucifijo se descompone con flores en el suelo y unos cipreses resisten gracias a unos palos en un páramo que parece un escenario teatral, pues aquí siempre parece que algo ha sido representado anteriormente. La mirada se siente más cómoda cuando se genera lejos de la quietud y el pensamiento estático, la mirada cómplice del auto que pasa de puntillas por las cosas y el tiempo, una mirada que vaga como ese perro por esa acera de cuadrículas, como esa cinta que atada a ese poste de la luz nos descubre el rostro del viento. Una mirada salvaje, indomable, que obsesivamente recala en los mismos temas, una y otra vez, intuyendo que hay siempre algo más en ello, que se puede llegar aún más lejos cuando se observa a ese pájaro, a ese árbol o a ese niño en la calle.

Reitero: me niego a explicar poesías. En cada una de las pocas imágenes que hemos sido capaces de aunar en la maraña que tras su marcha dejó el poeta, perdón, el fotógrafo, hay demasiadas cosas que no se pueden contar. Solo mirar, ver y dejar que se produzca la magia de la comunicación entre eso y nosotros mismos. Eso es al fin y al cabo el arte. Y aquí estamos hablando de eso, de lo trascendental, inasible, de la emoción, algo que solo podemos intuir, pero de lo que el propio autor era consciente, pues ¿de qué otra forma, siendo fotógrafo, eras capaz de renunciar a la promiscuidad visual que te ofrece el hecho fotográfico? ¿De qué otra forma eras capaz de seguir produciendo imágenes en un espacio tan limitado por los pequeños subterfugios de la vida cotidiana de esa ciudad de provincia de la que pareces no poder huir? Asumir la condición de *outsider*, de extraño entre los tuyos, de sabedor de un techo de cristal imaginario de un sistema que impone un movimiento en el que no estás dispuesto a participar. Vuelvo a decir, no puedo hablar de alguien a quien no conocía, pero sí soy capaz de llamar la atención sobre la asunción de alguien sabedor de estar viviendo en un espacio limitado, de estar en un jardín, nunca en el bosque salvaje que desearía, de asumir la condición de verso suelto en este caótico libro que es el ecosistema de cada ciudad.

Aquí, en esta publicación, aparecen apenas medio centenar de imágenes que hemos sido capaces de encontrar en una búsqueda a través de lo que el propio Manuel fue dejando a las personas que quería. No existe archivo, no existe casi nada, pues con su marcha todo pareció desmoronarse y rápidamente se convirtió en ruinas. En muchas ocasiones, uno mismo da de comer a su propio malditismo. No hay sentido en ser futuro cuando el presente se te ha resistido. Por algún lugar estarán sus negativos, posiblemente deteriorándose por humedades u hongos, así como esa caja de tela azul con parte de las imágenes que él recopiló para su única gran exposición en Paso del Zute, en Huétor Vega, esa periferia de la periferia en la que tuvo el reconocimiento que merecía, al menos, en toda Granada. Esa caja de tela azul que todos recuerdan y que nadie encuentra, una caja azul, un azul que es el único color que en esta aventura ha aparecido, un azul que sin verlo recuerdo como celeste, sutil, que se desvanece, se disuelve en la memoria. Una caja azul real pero inasible, como parece que quiere seguir siendo desde el inconformismo con el mundo la obra del artista.

Yo no he sido capaz de ahondar mucho en la obra ni en la persona que hay detrás de todo, del padre, del amante, del amigo, del maestro, del alumno que también fue. Podría haber llegado a construir otro Avery Jones como brillantemente ha hecho Paco, pero he preferido detenerme y mostrar solo mi fascinación y mi imposibilidad de profundizar en algo que realmente no estoy convencido de que lo precise.

Y sí, aquí, ante ustedes, un fotógrafo sin apenas fotografías. Un fotógrafo inmóvil, contra la orgiástica maraña de la cantidad que inunda el mundo y convierte todo en archivo. Sí, aquí un fotógrafo con menos de cien imágenes en su haber, una anomalía absoluta en un mundo donde todo lo visible conlleva una ráfaga de disparos desde objetivos fotográficos que parecen no querer perder ni el mínimo detalle de la rotunda realidad. Un inmenso fotógrafo sin un archivo que lo respalde; un fotógrafo, sin embargo, con toda la vida de una ciudad a sus espaldas, con la fuerza capaz, en sus pocas imágenes, de que quince años tras su marcha sigamos felizmente atrapadas en su misterio o en la tensión que nos generan. Ante la vanidad imperiosa de los brillos, aquí la niebla de toda una vida. Ante el color chirriante del mundo, aquí estos matices impalpables o etéreos de los restos que la luz dejó sobre las cosas en un tiempo sin calendario.

Hace poco le conté a Bernard Plossu, al que considero gran amigo, que estaba haciendo este trabajo, y él me vino a decir algo así como que Manuel, con el que se carteó durante un tiempo y del cual tenía su libro, era posiblemente el mejor de estos fotógrafos poetas que había en nuestro país.

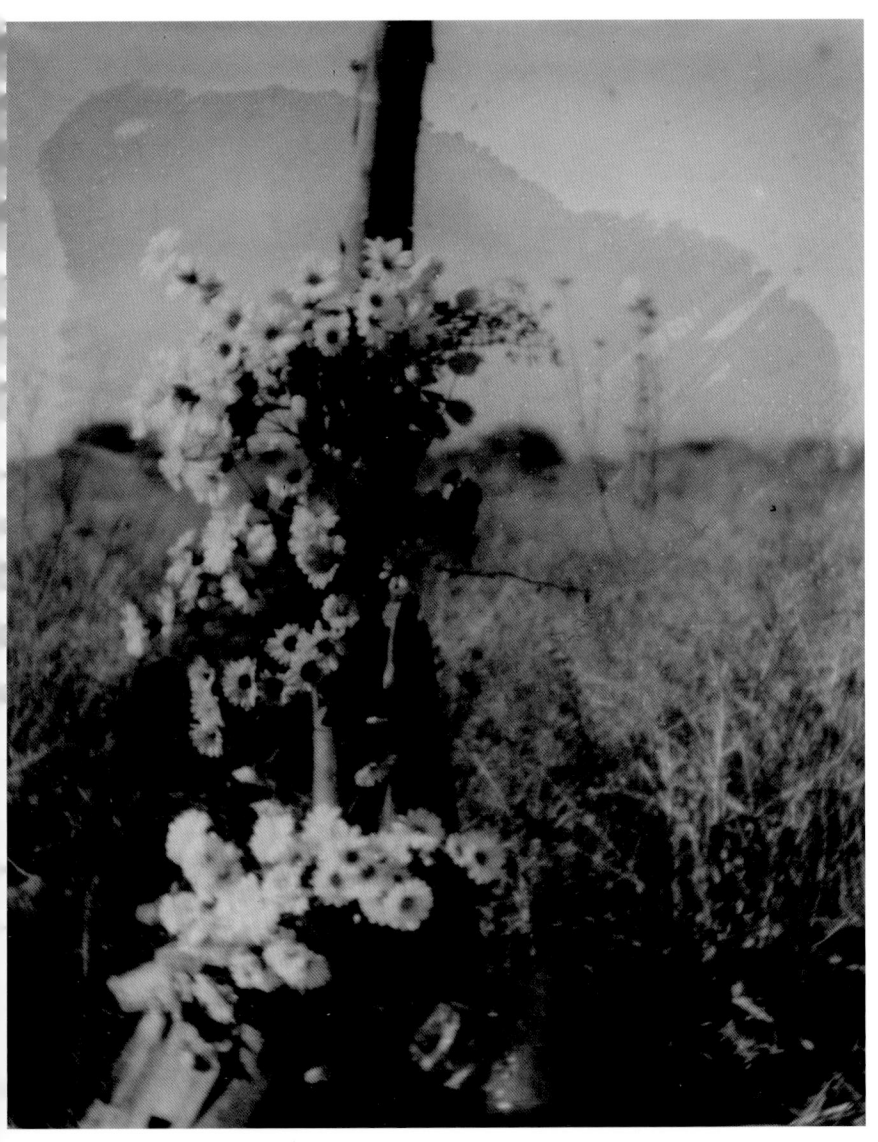

01.

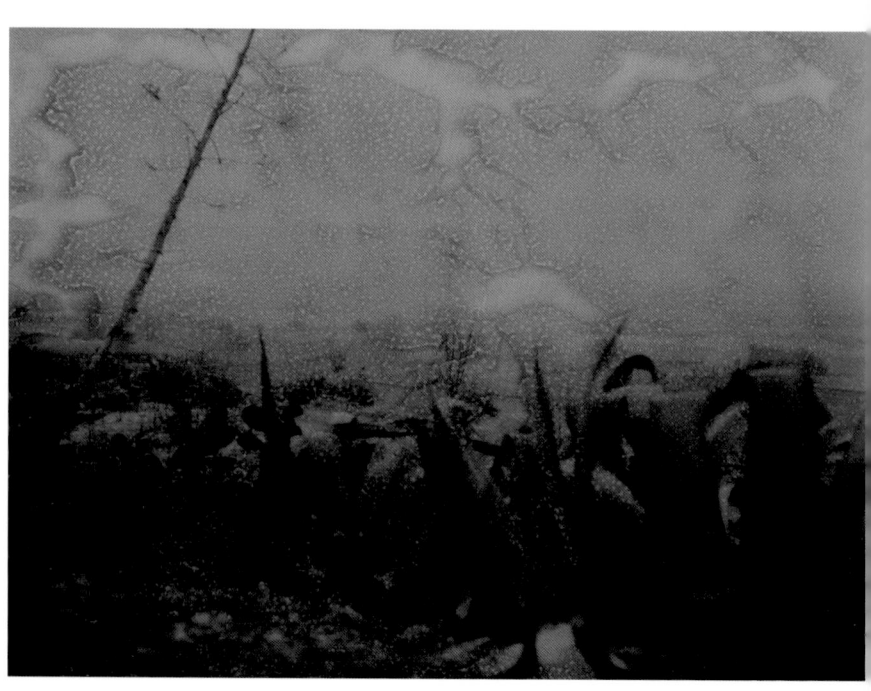

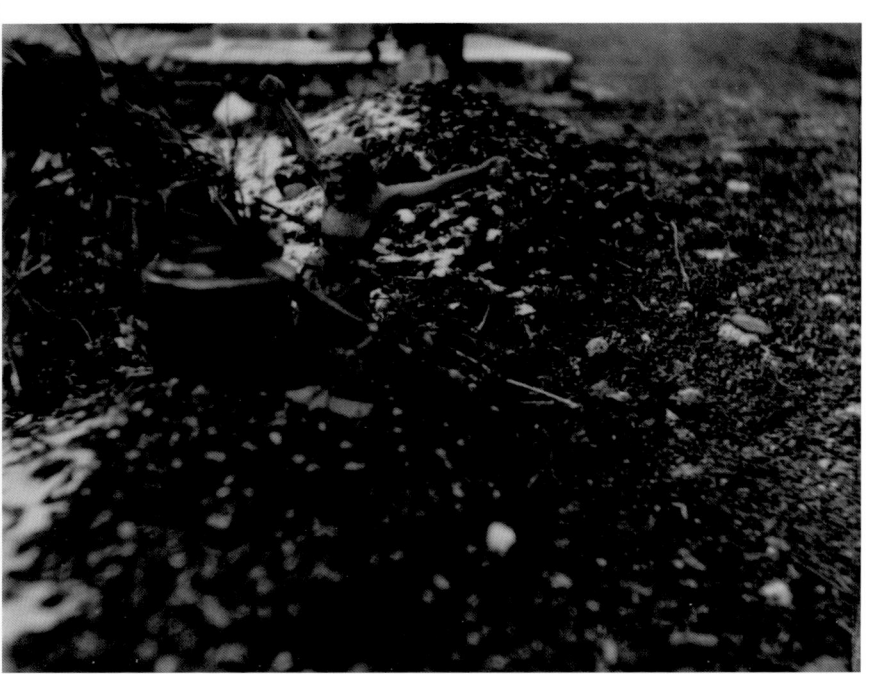

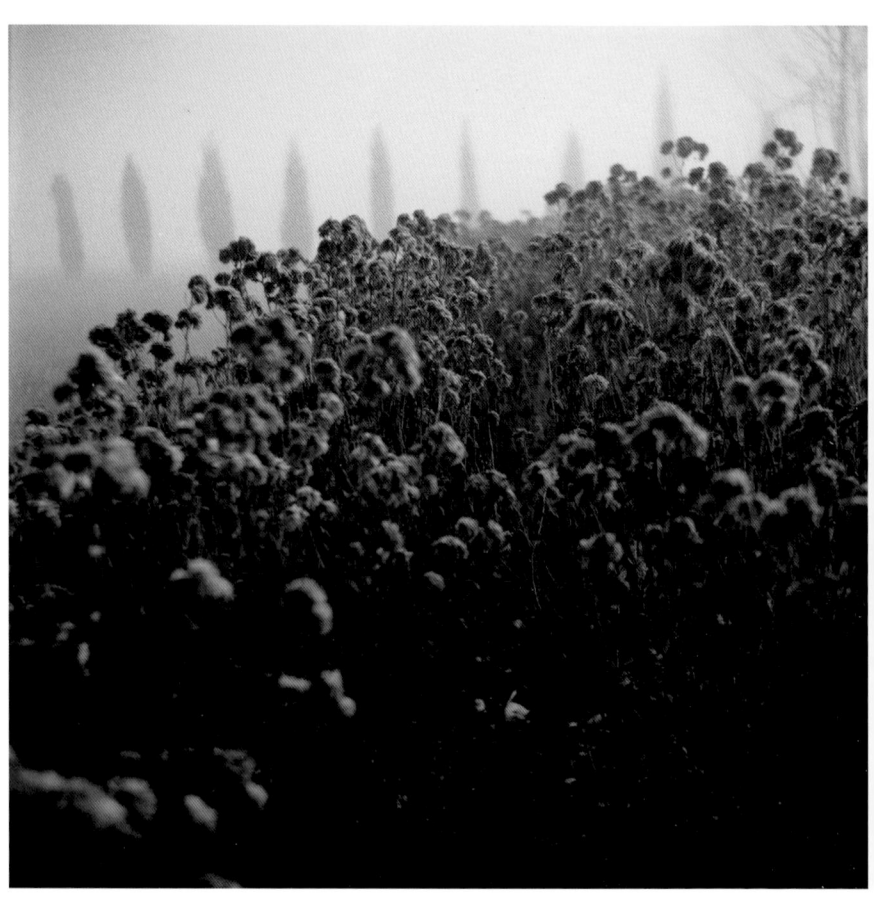

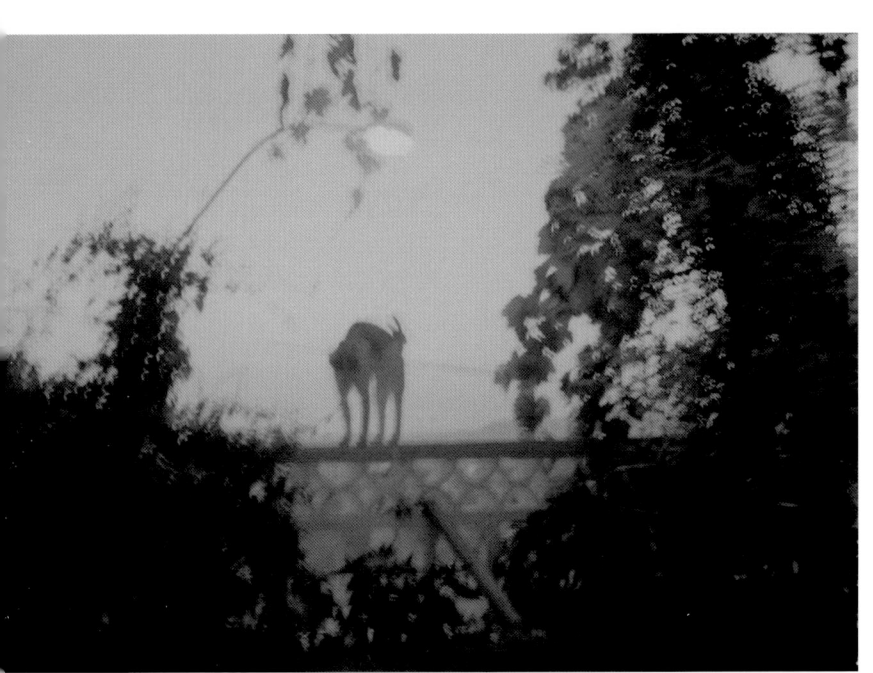

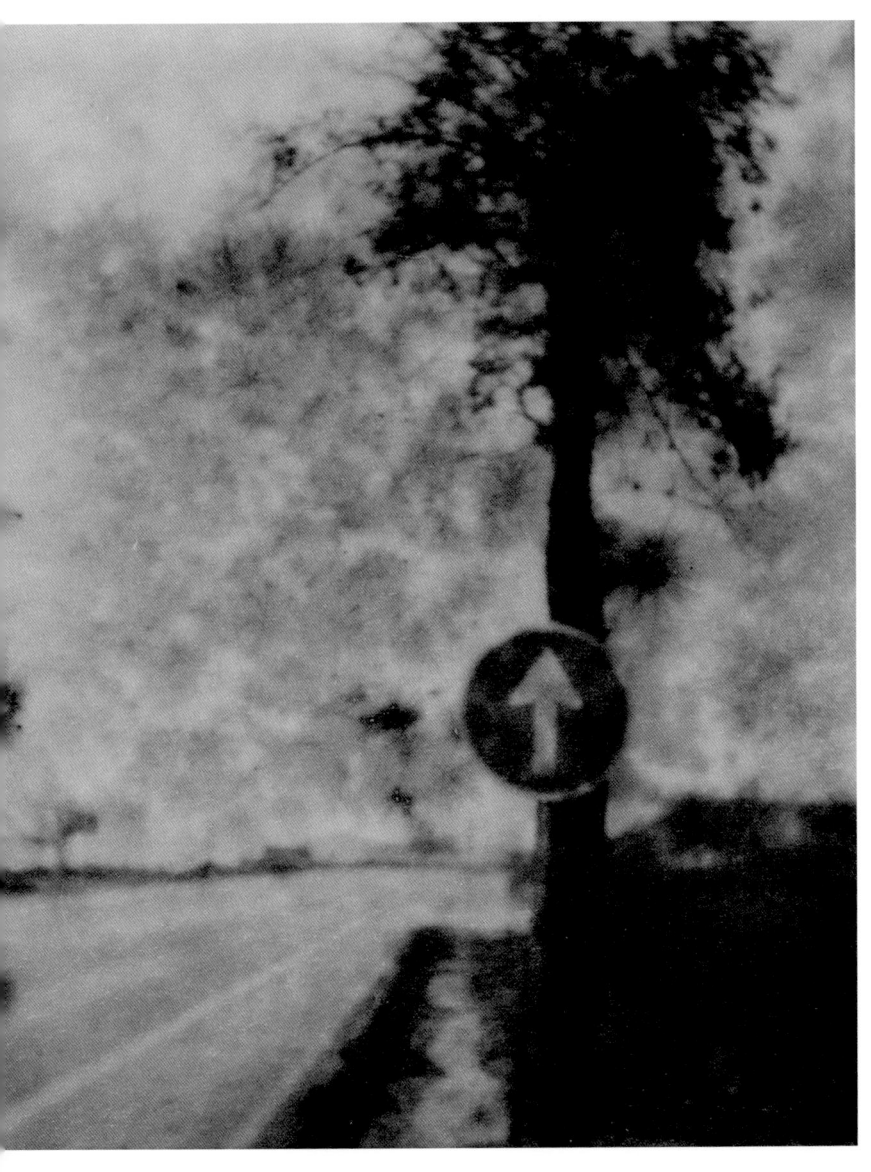

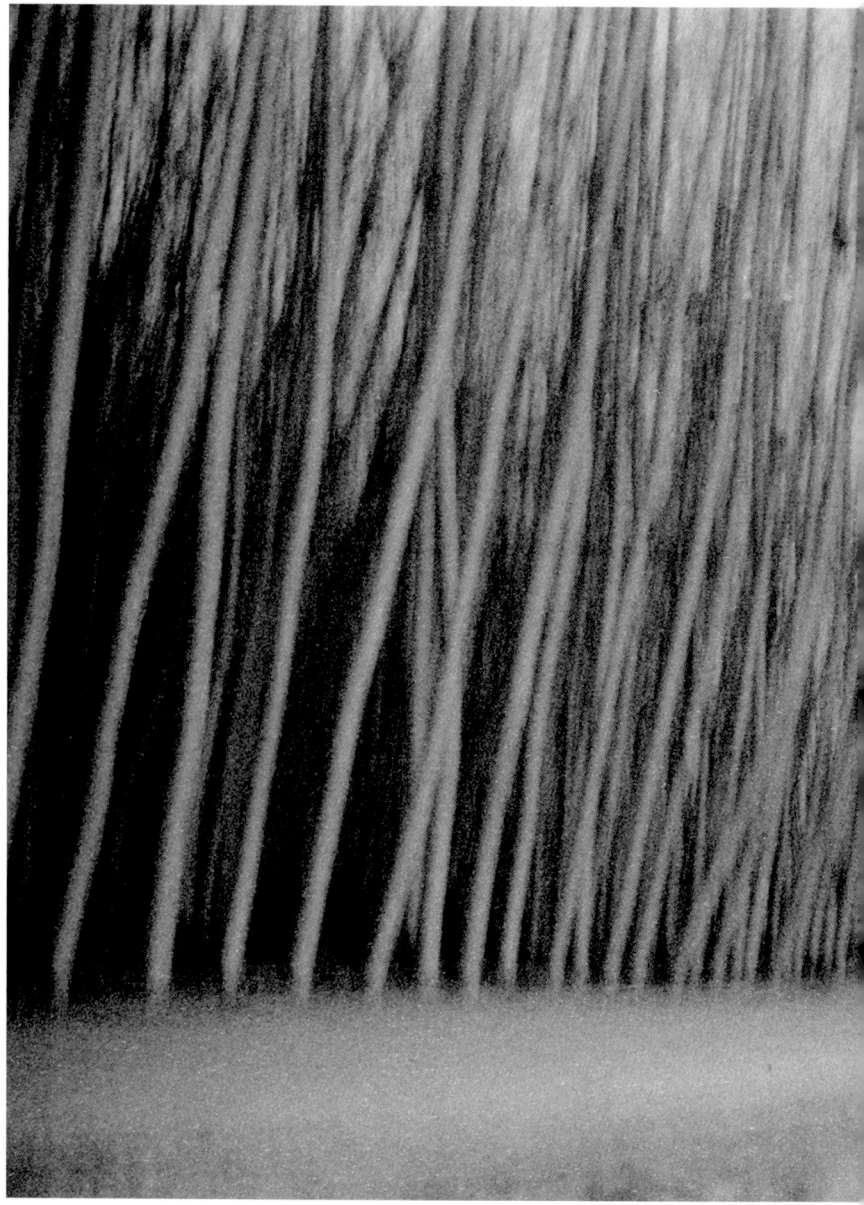

07.

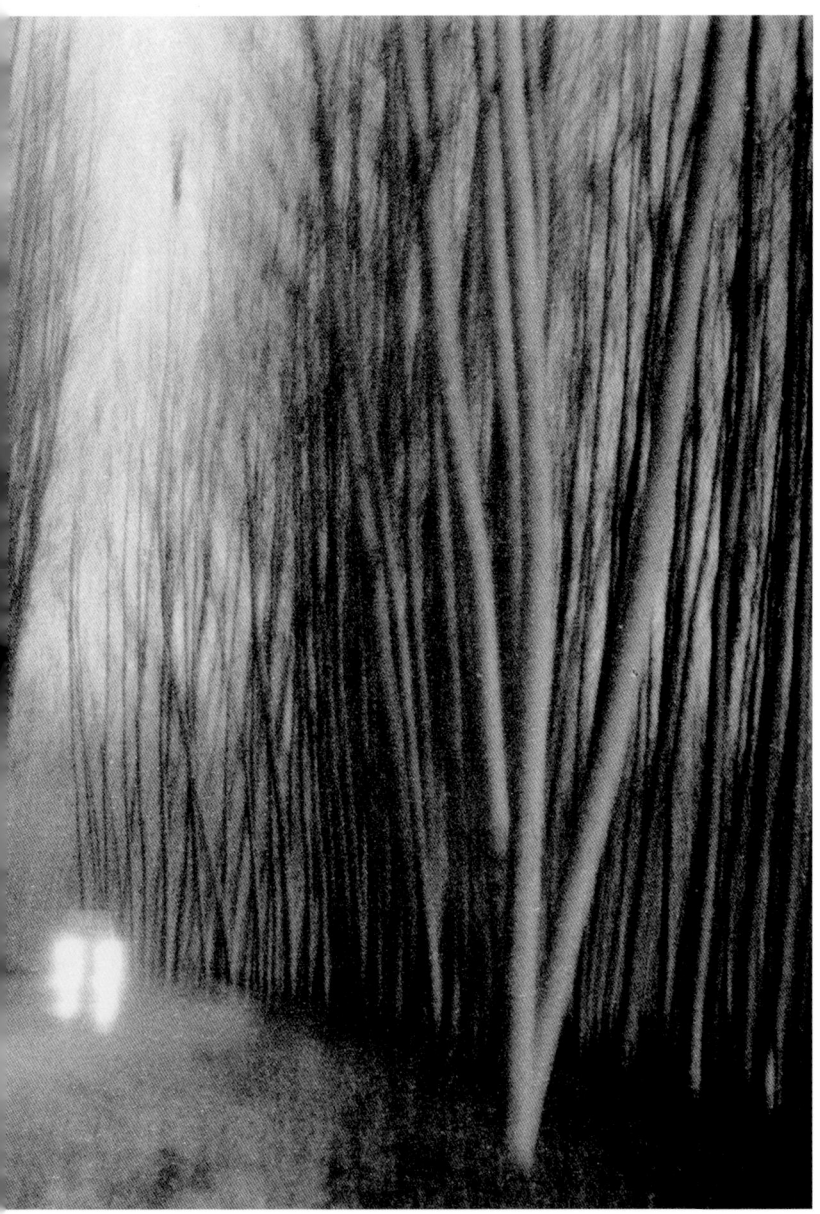

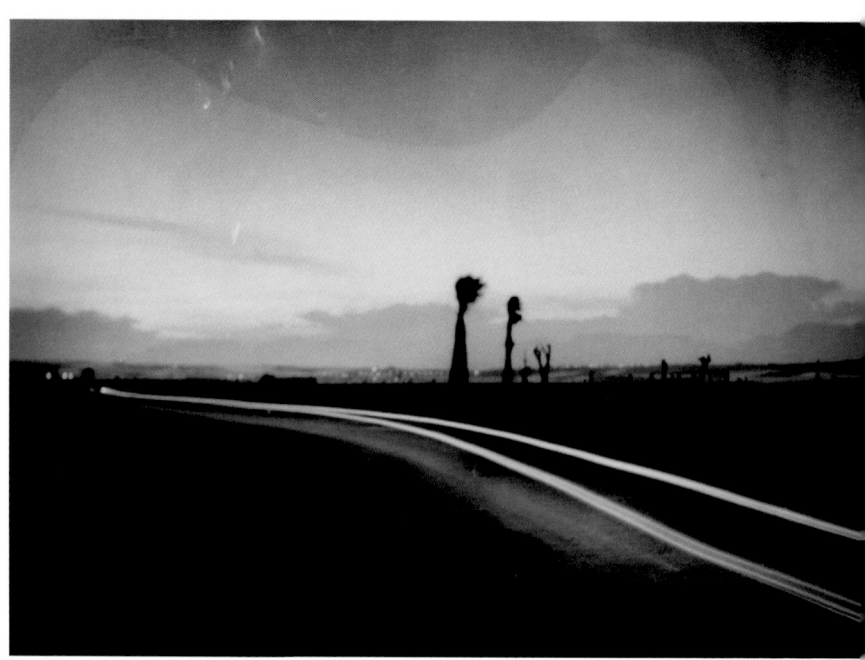

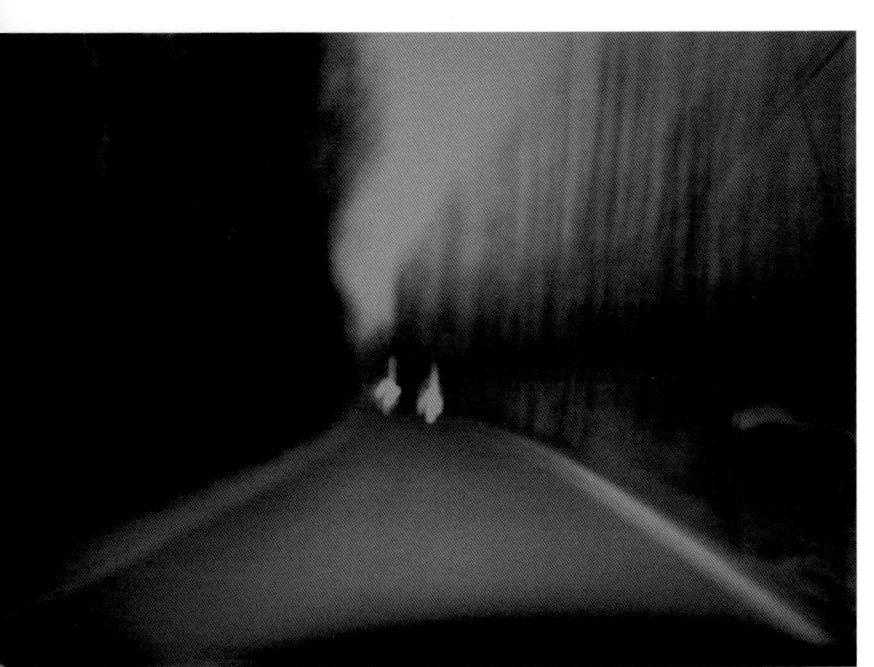

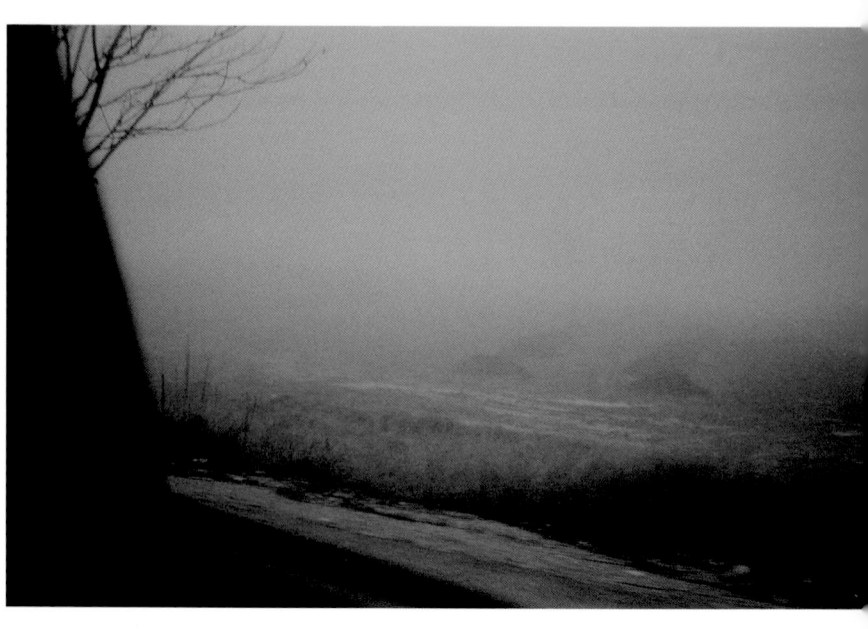

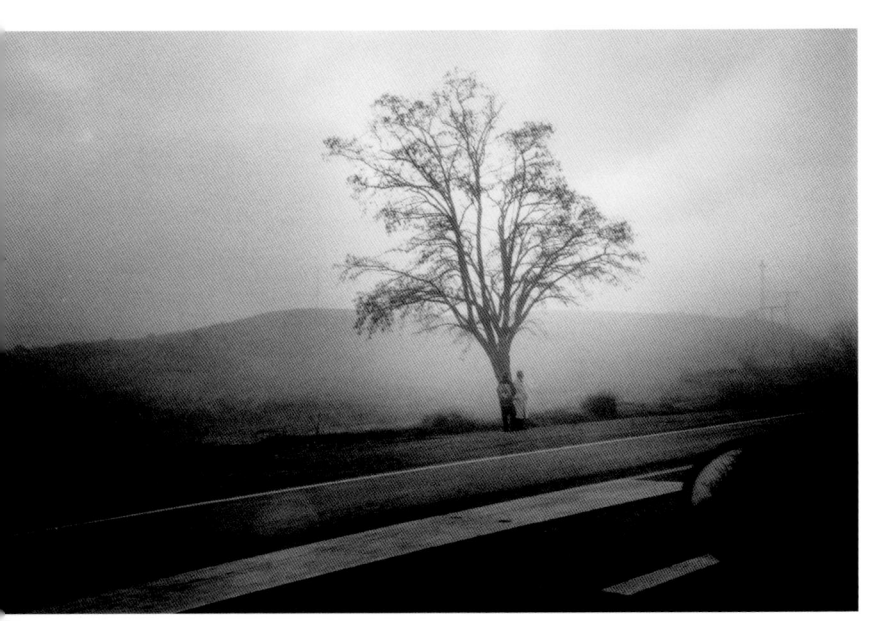

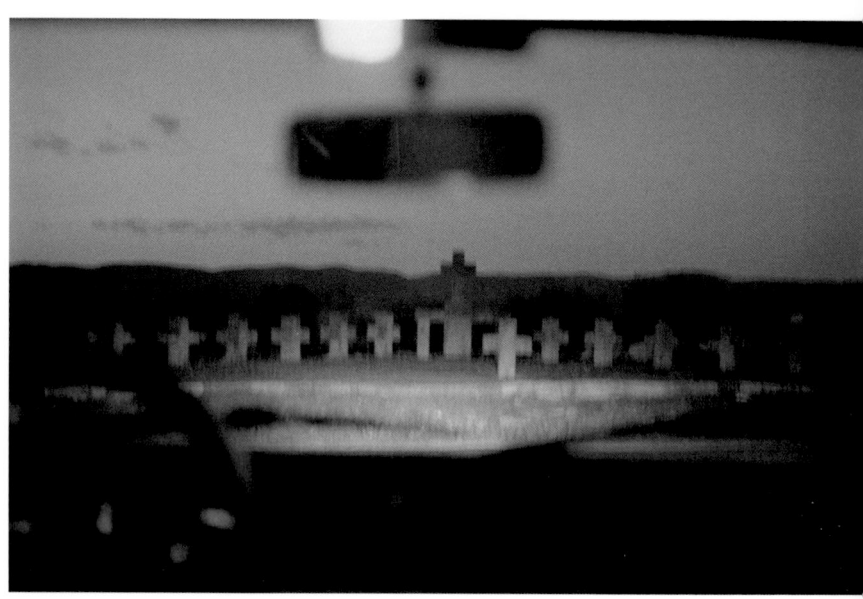

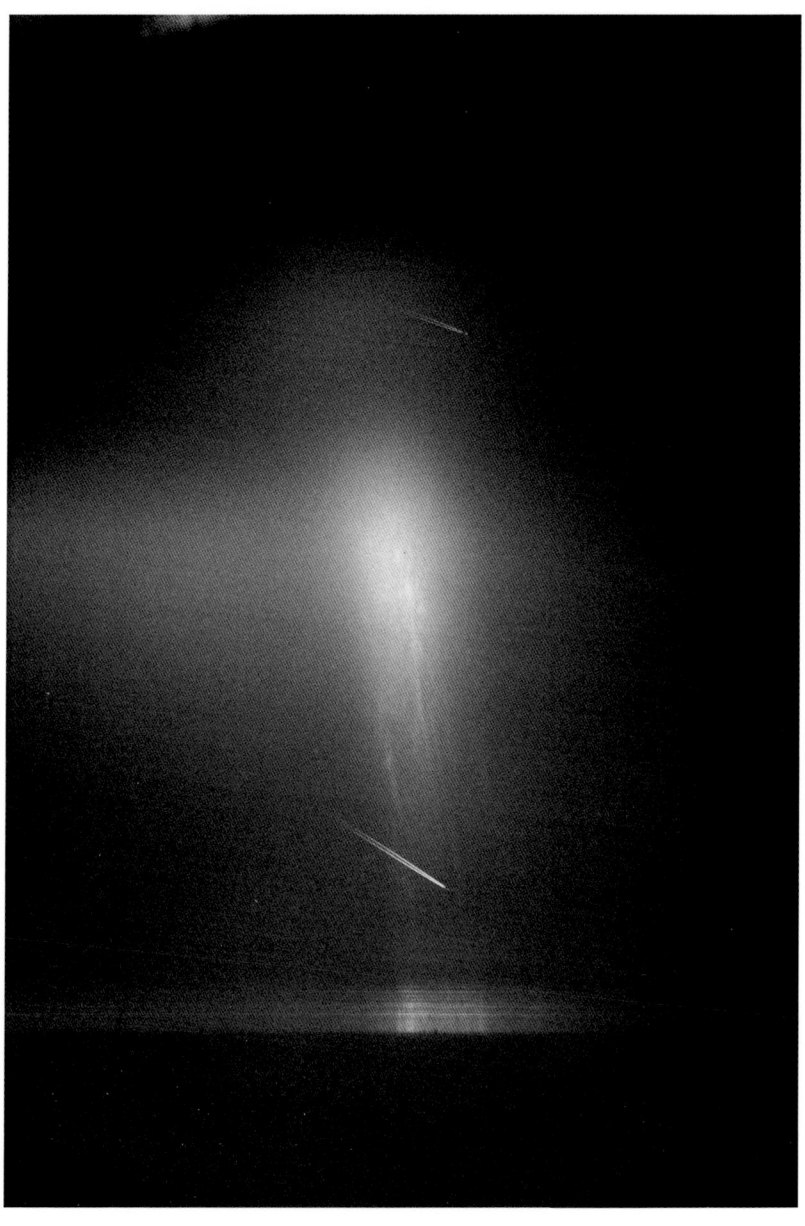

3.

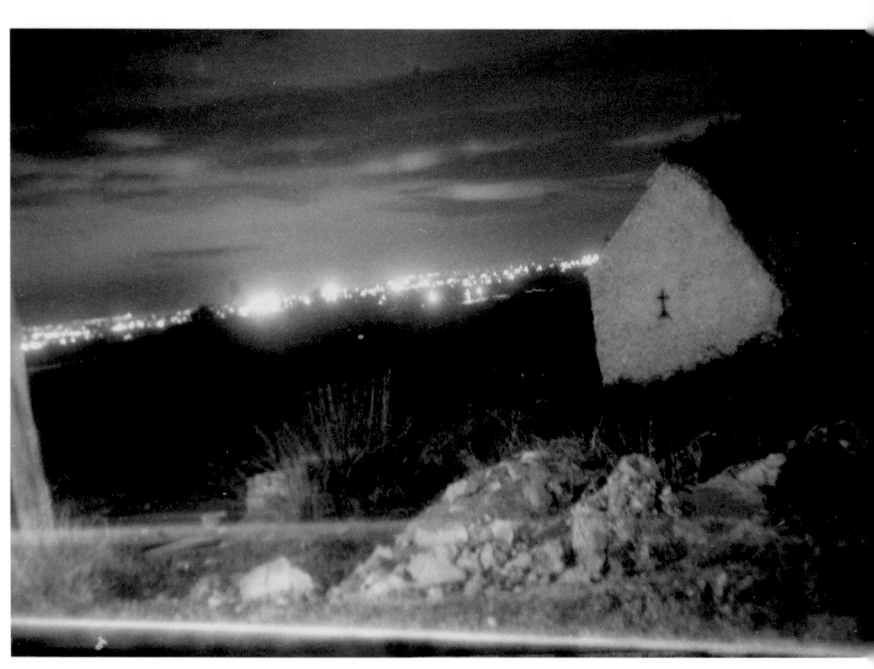

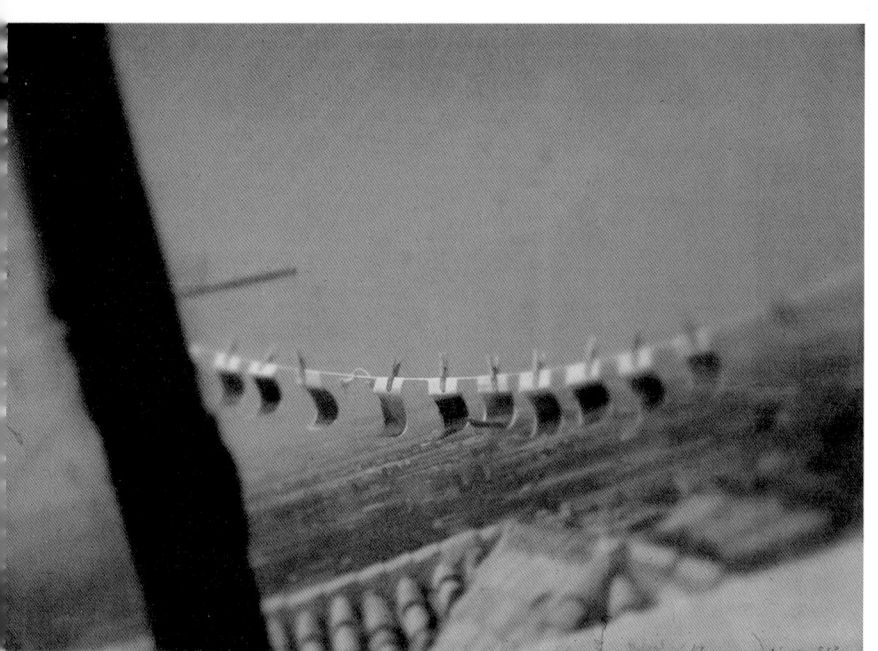

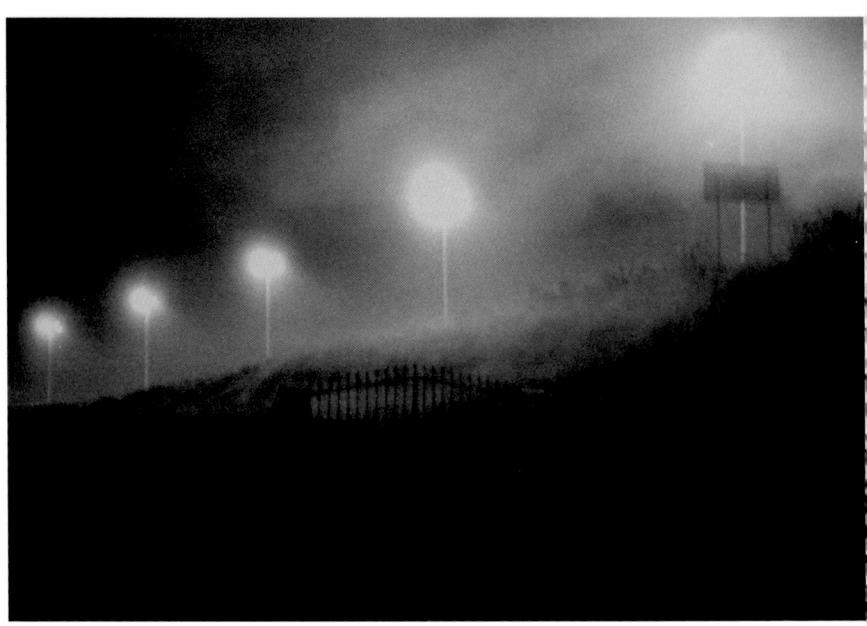

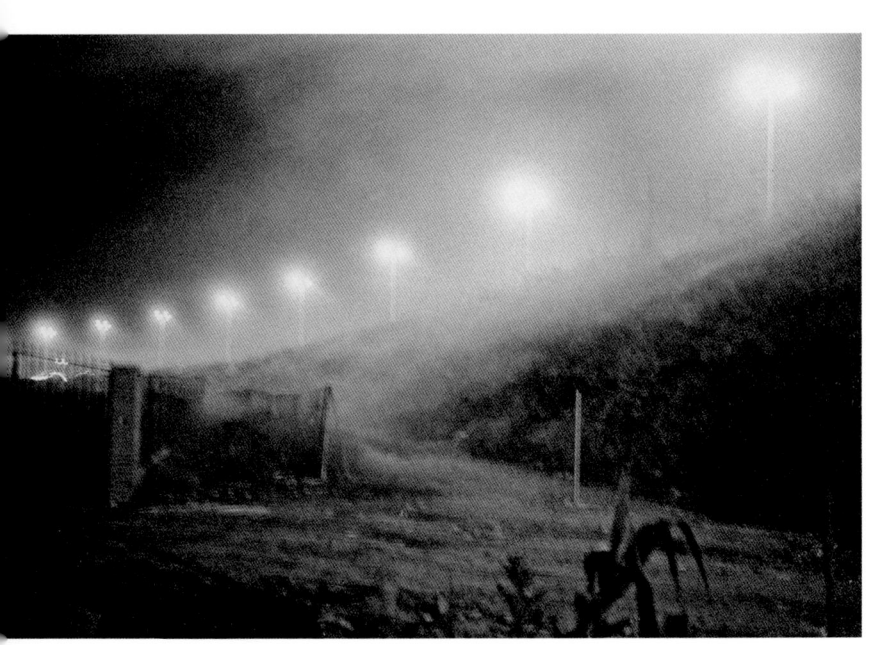

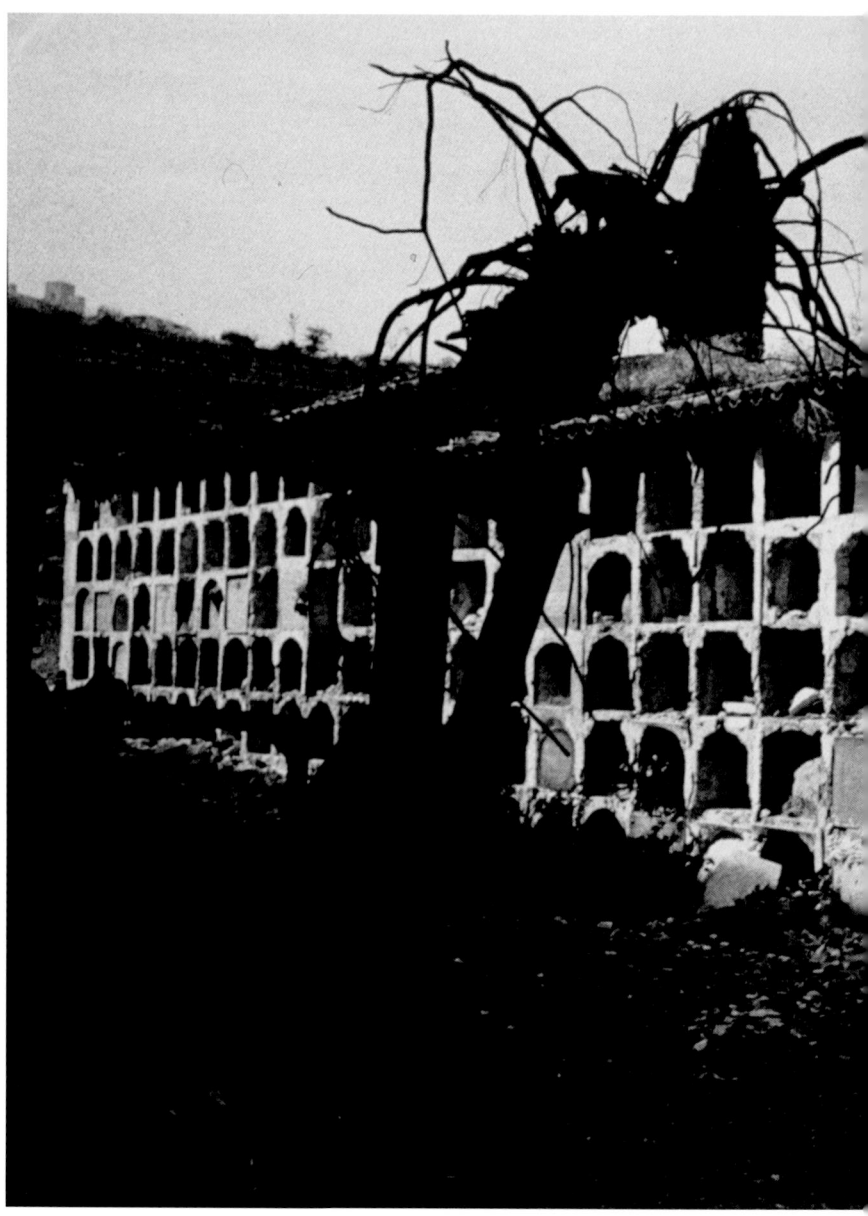

18.

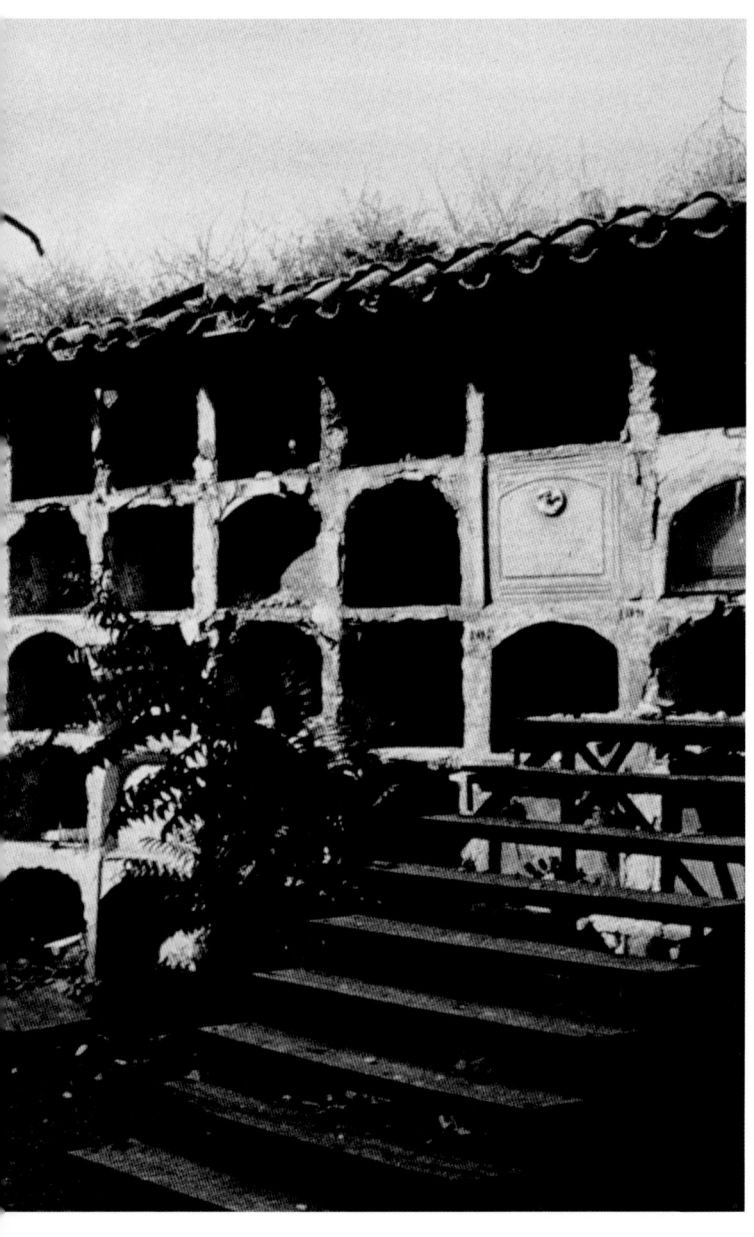

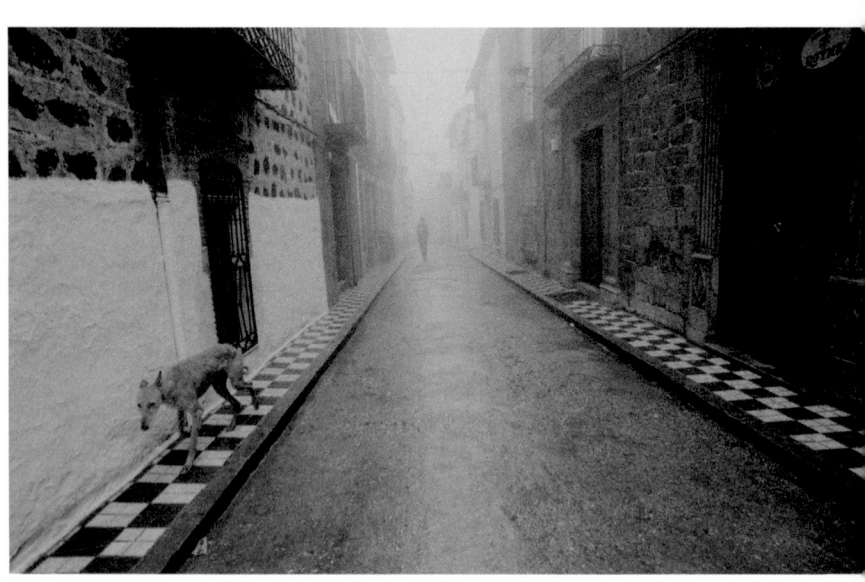

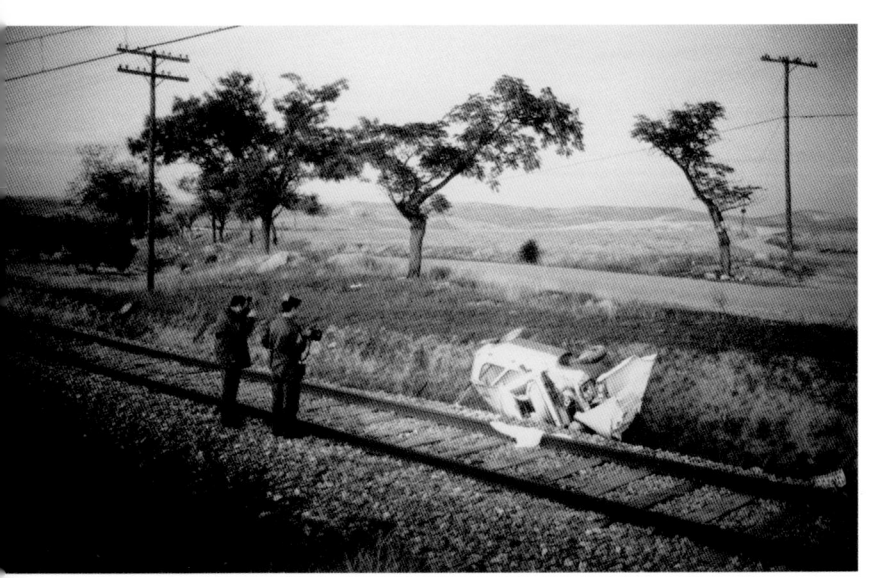

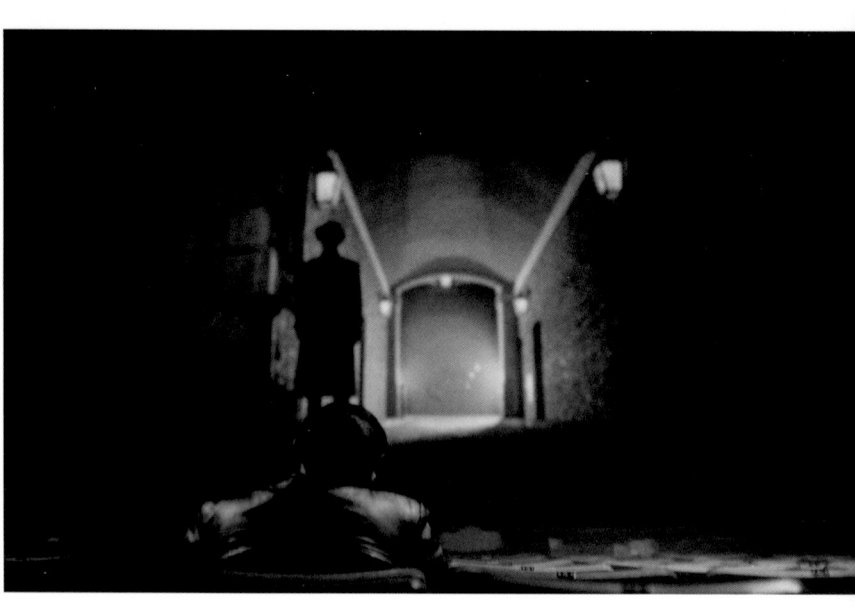

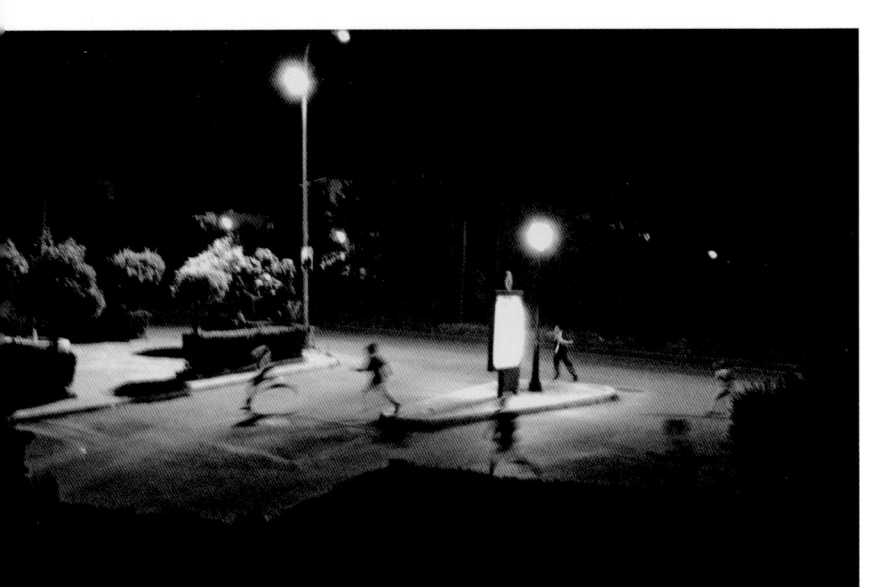

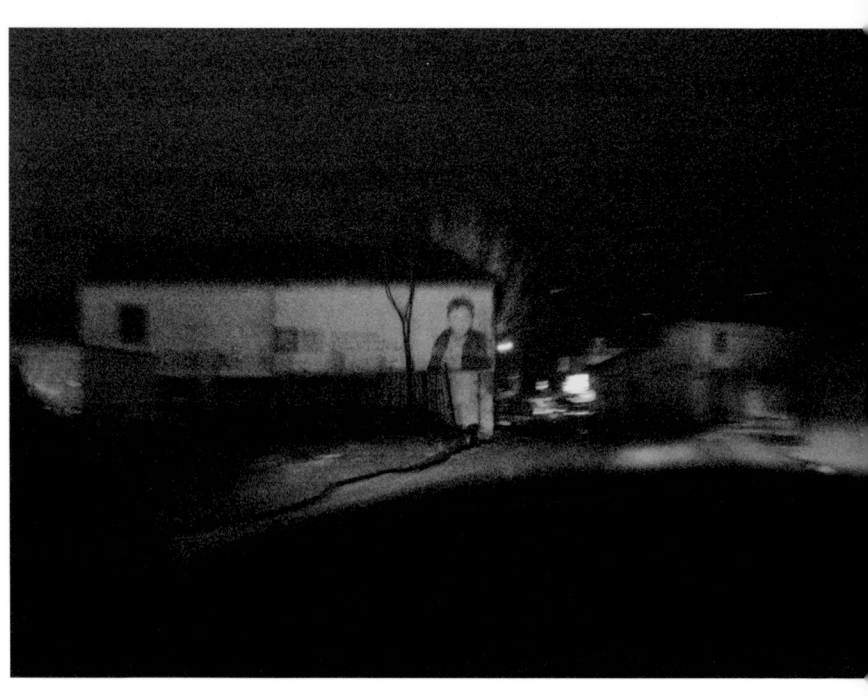

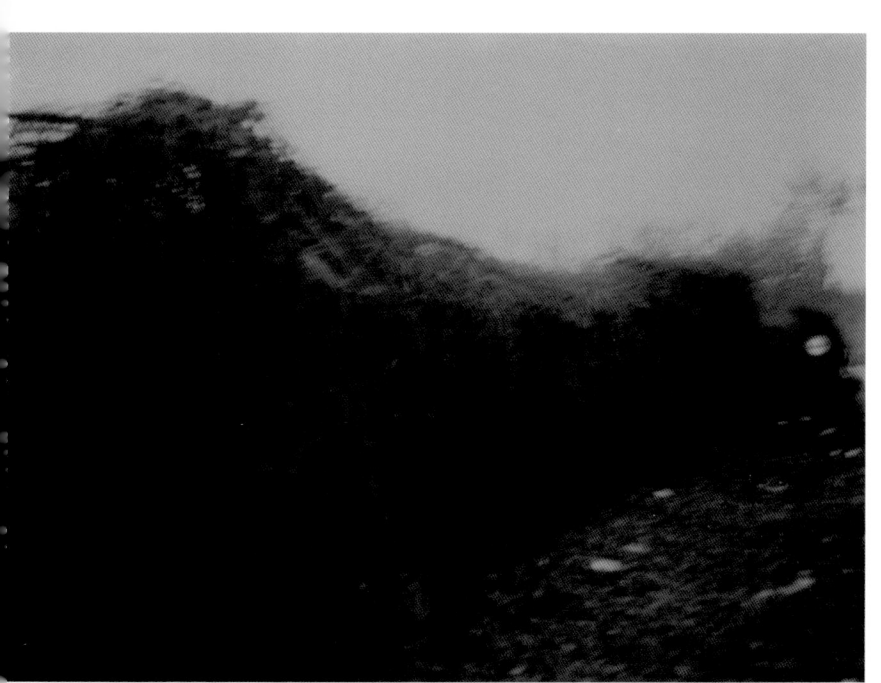

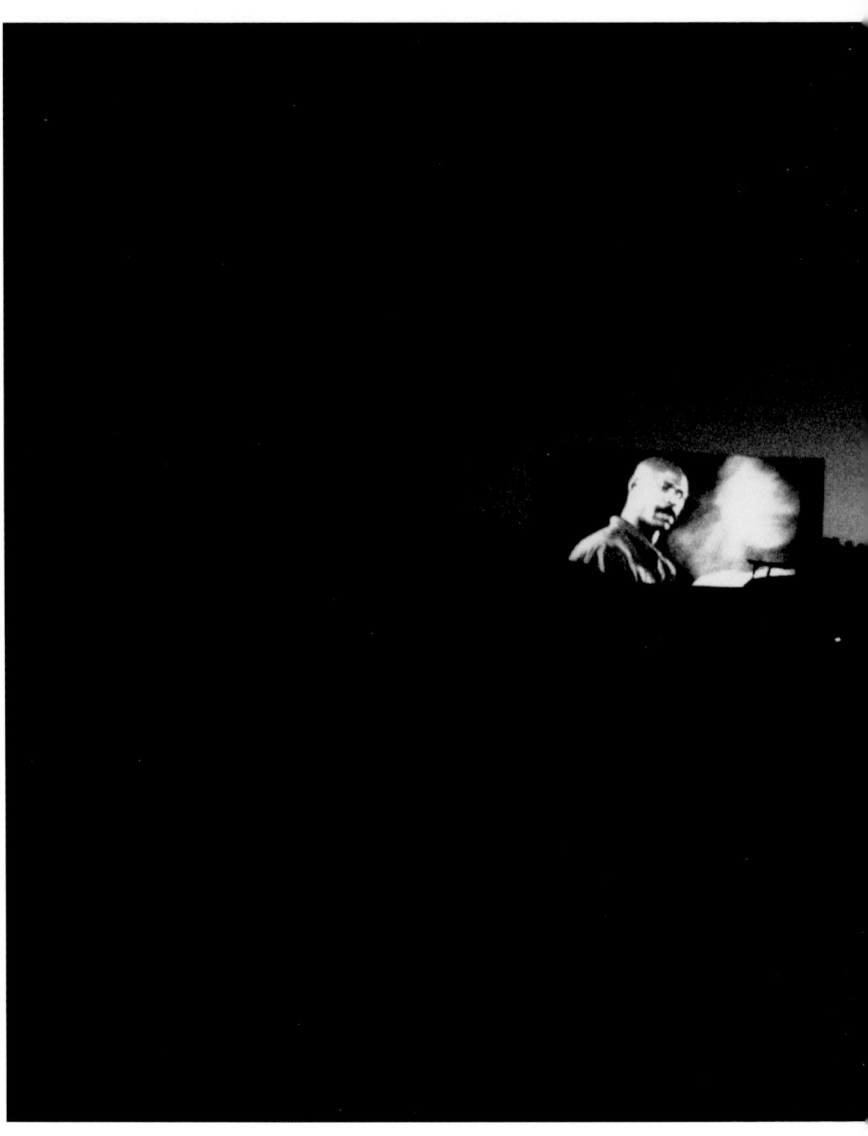

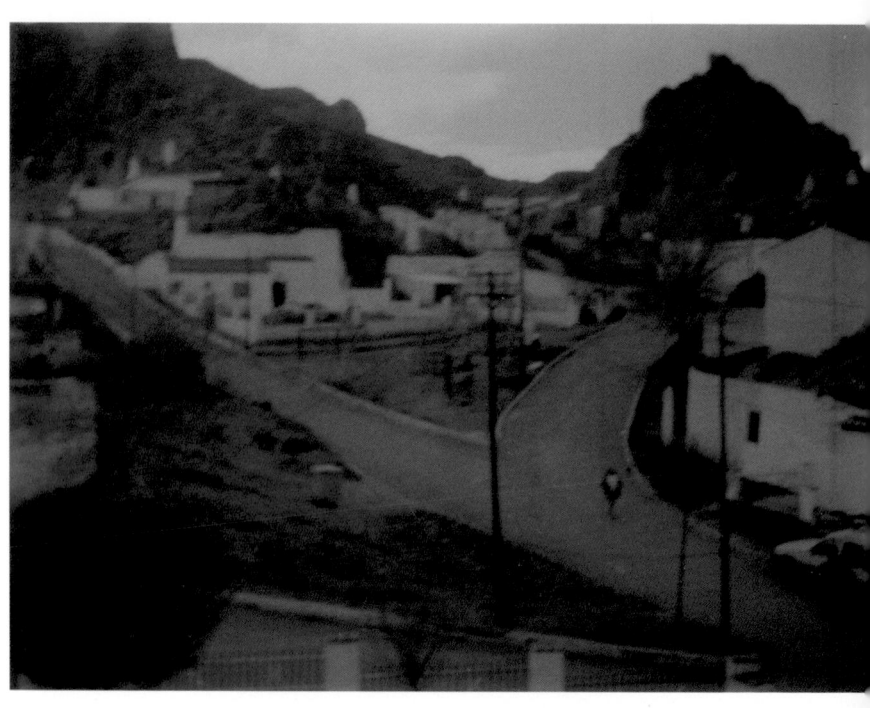

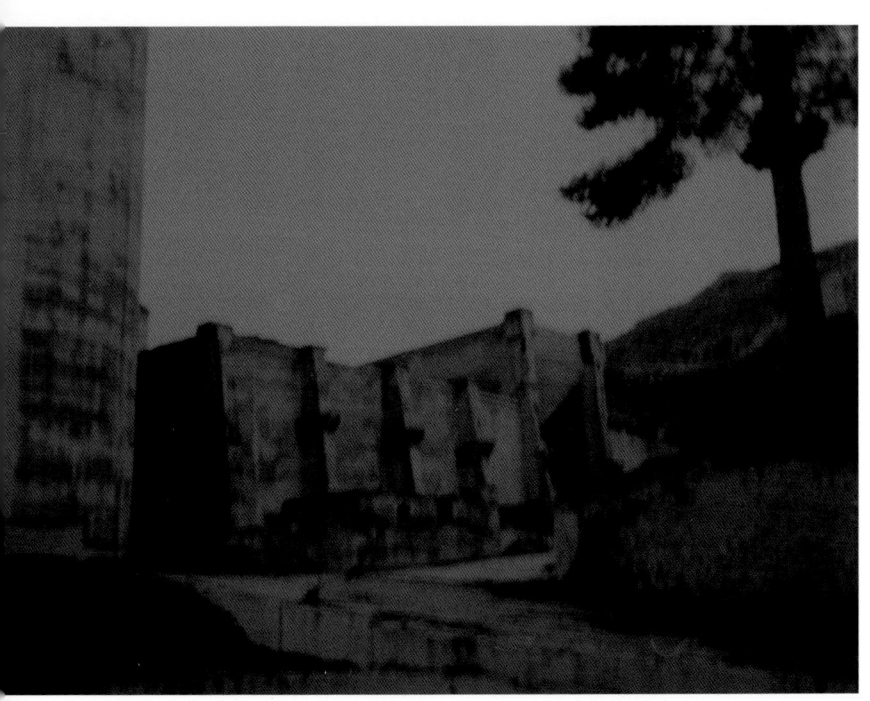

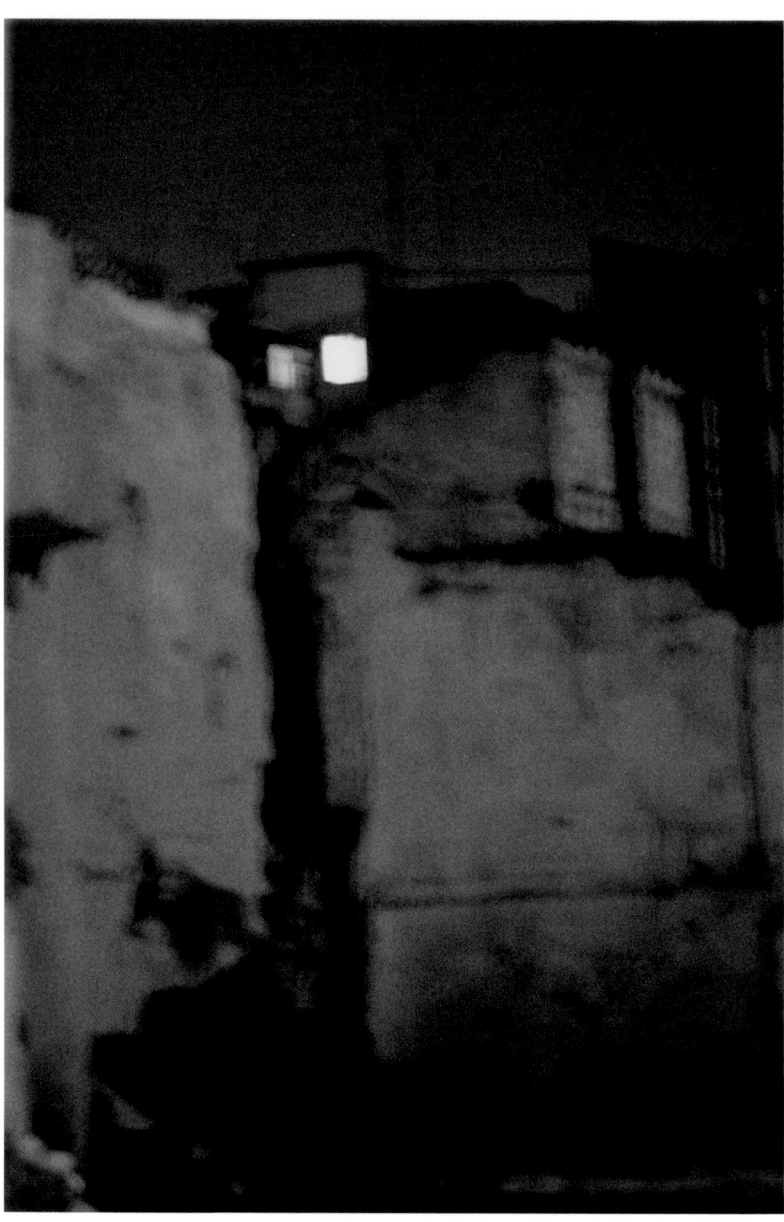

28.

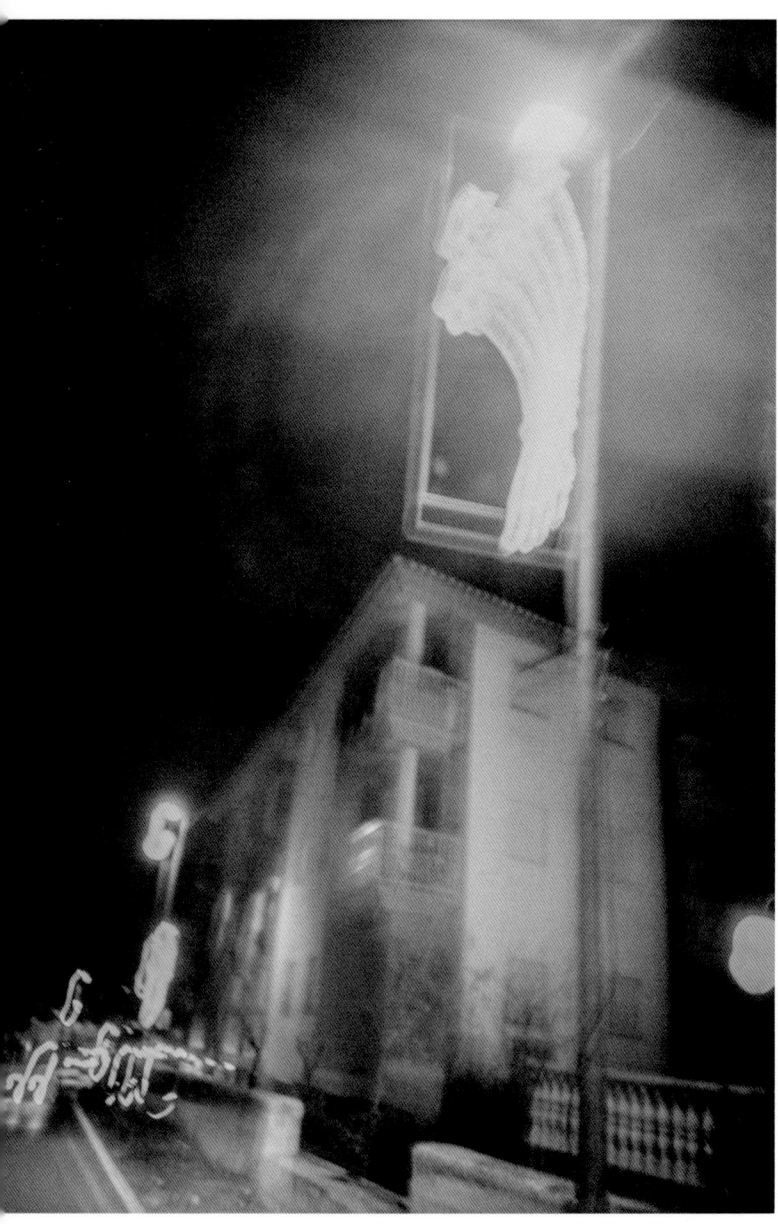

9.

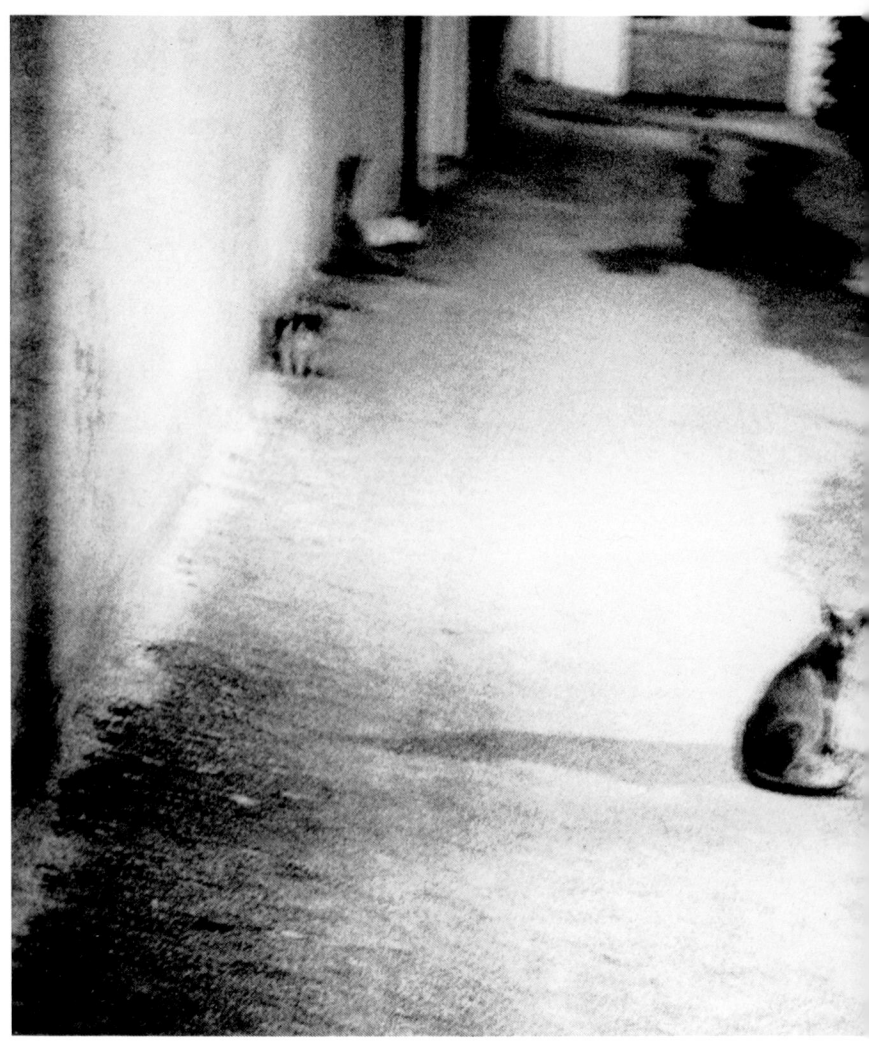

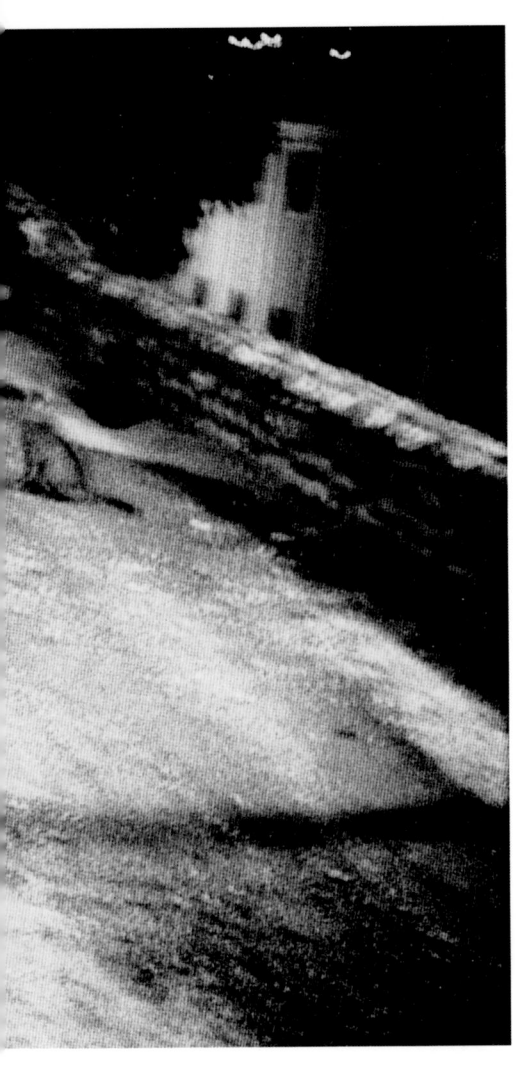

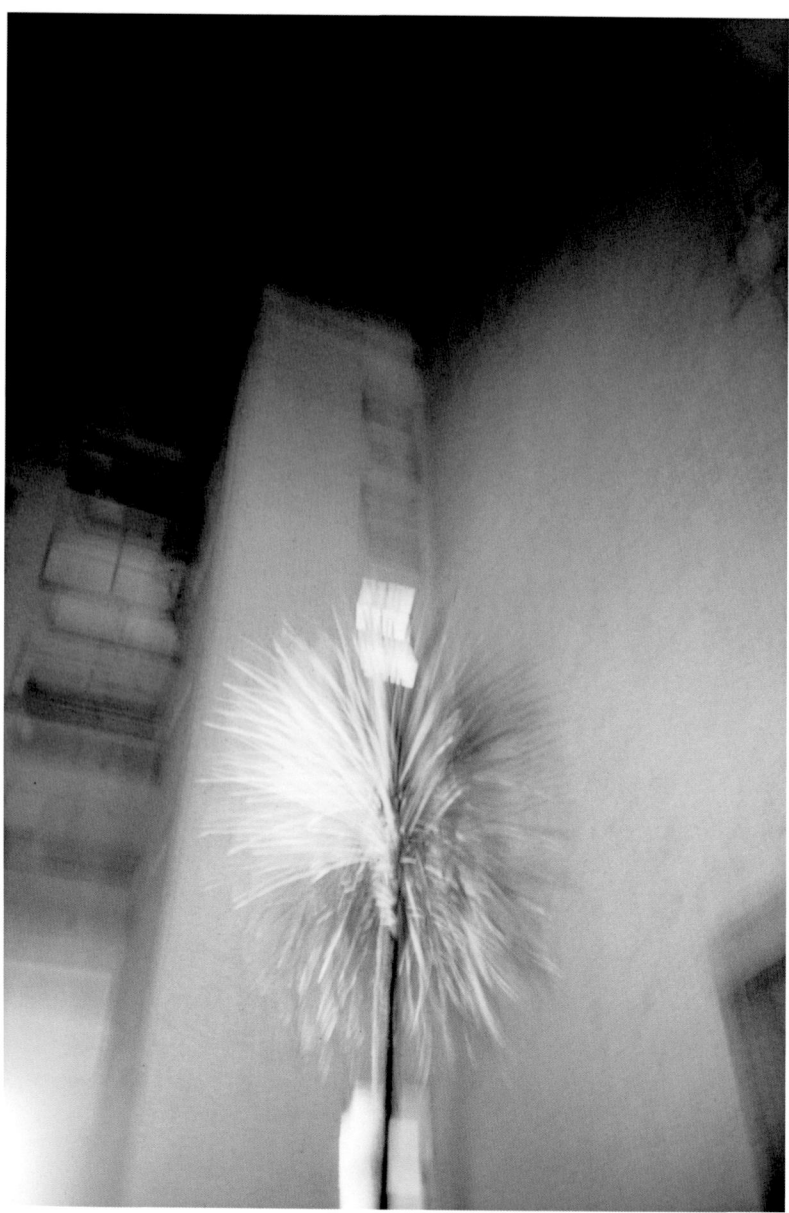

31.

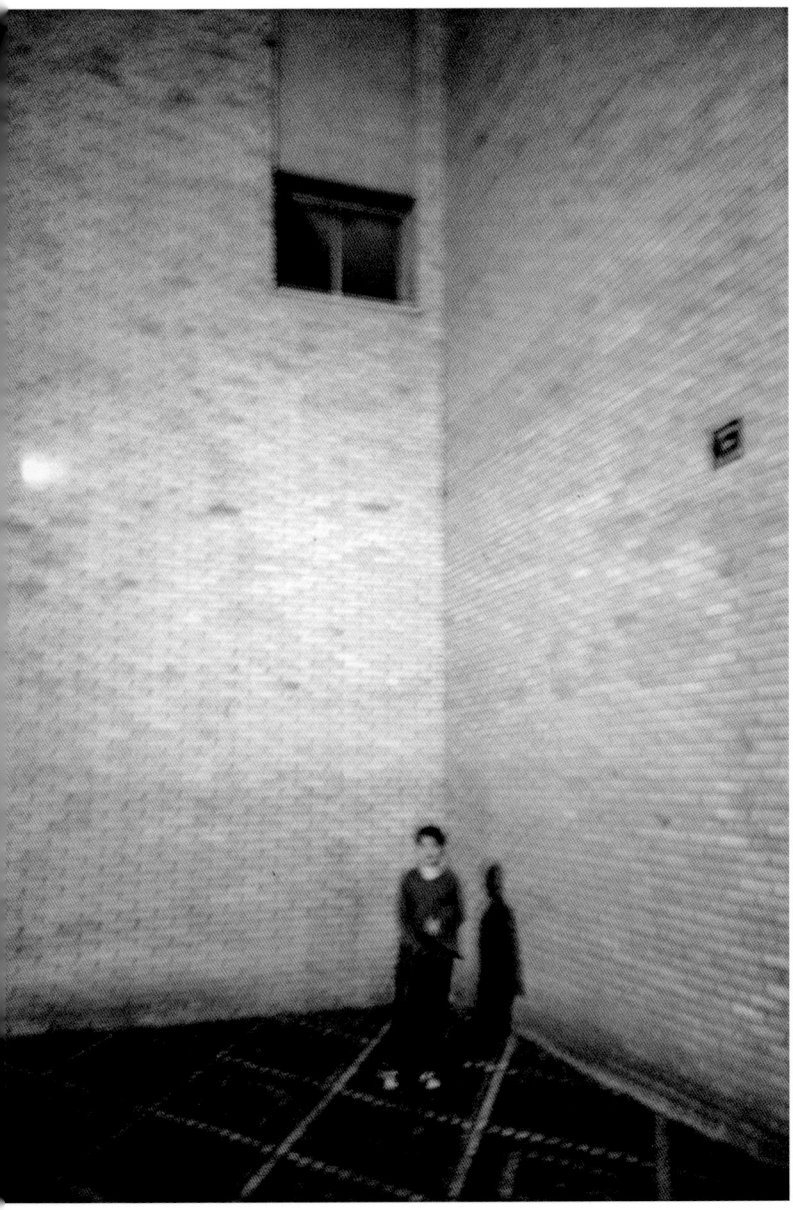

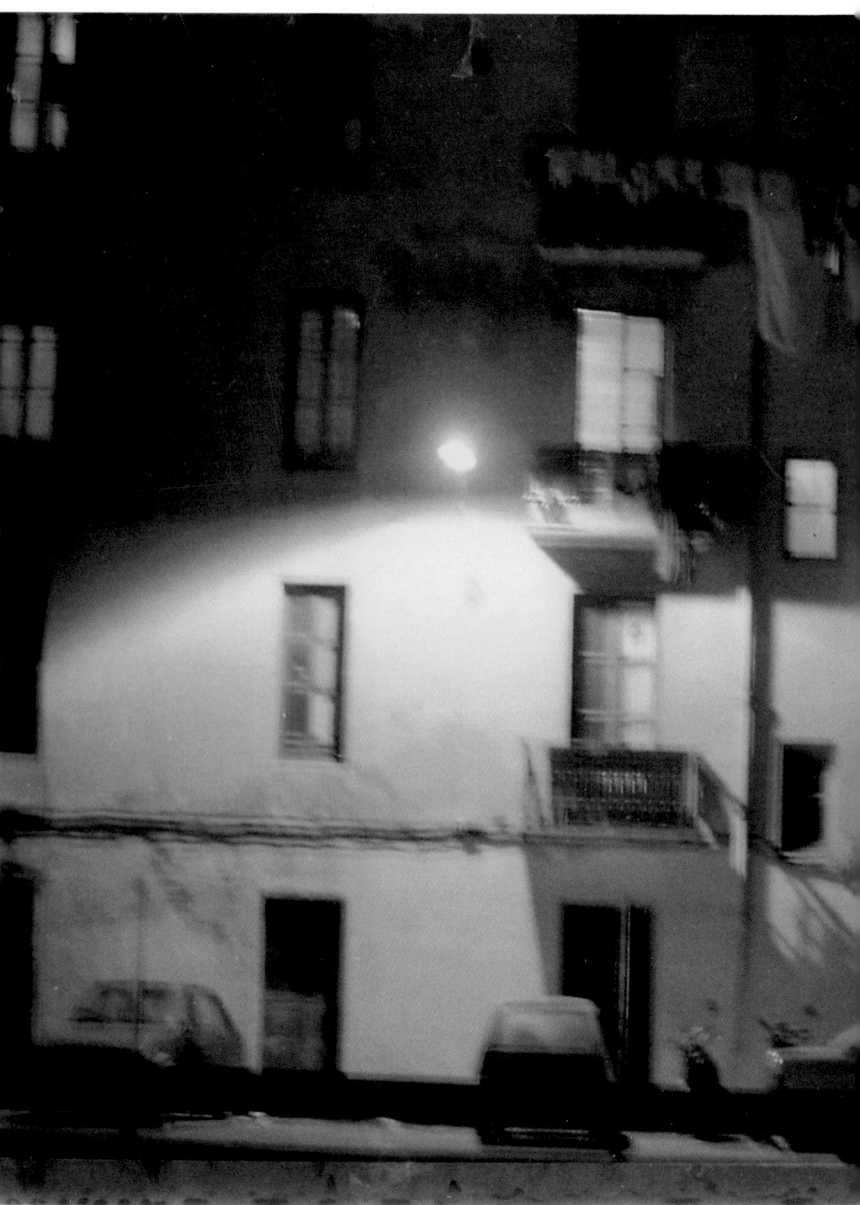

33.

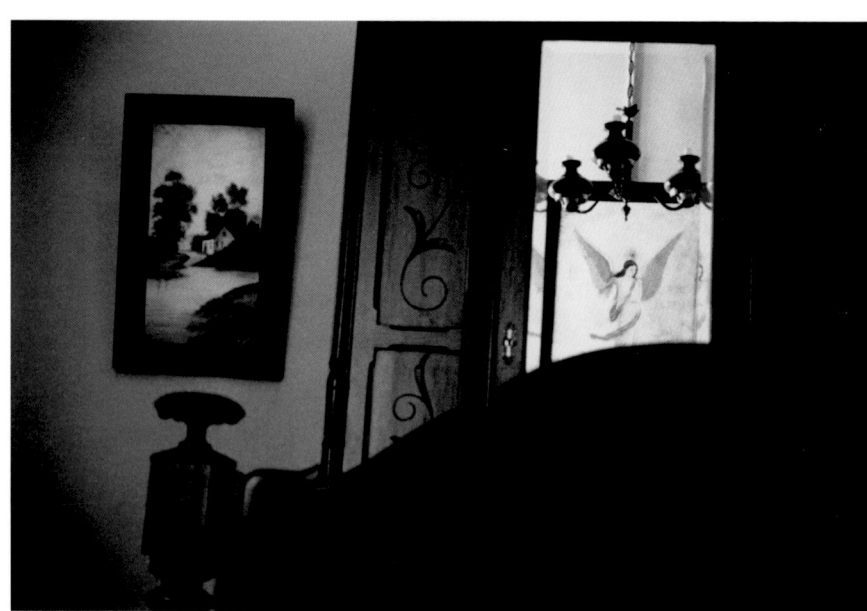

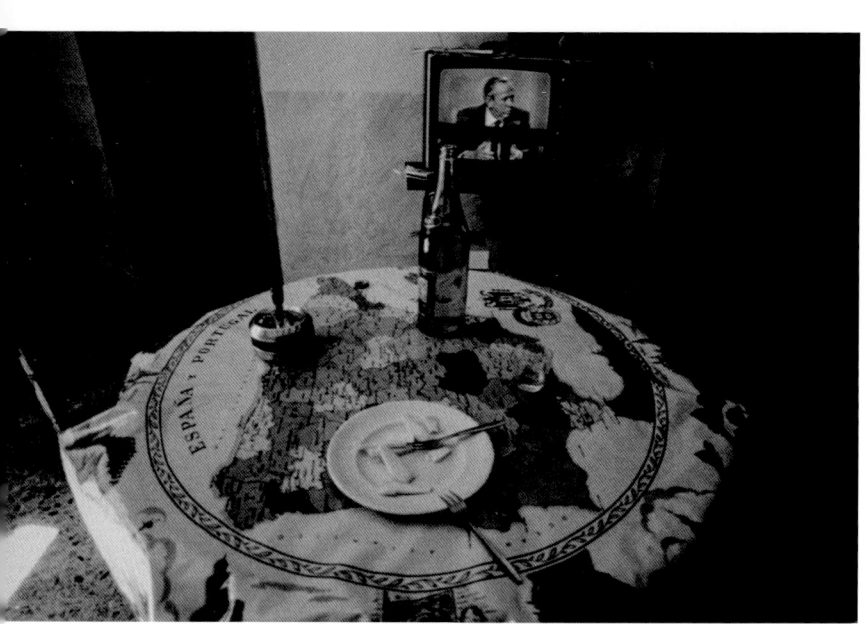

5.

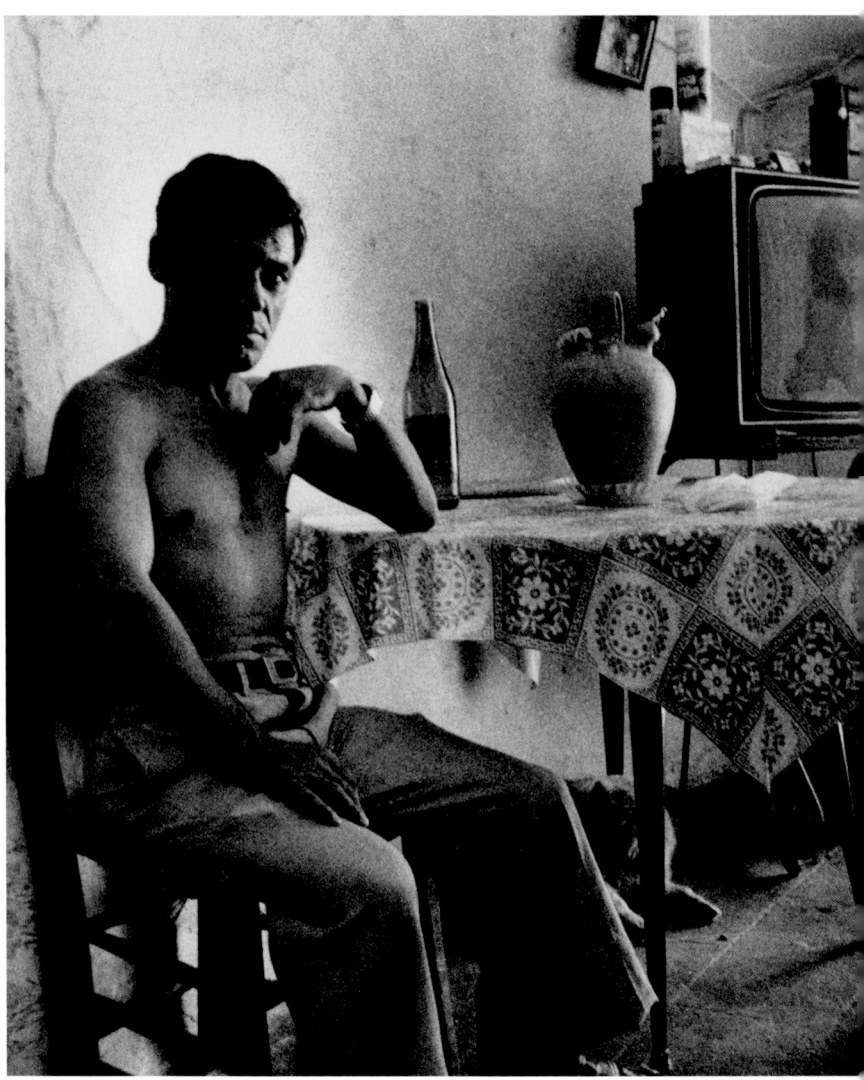

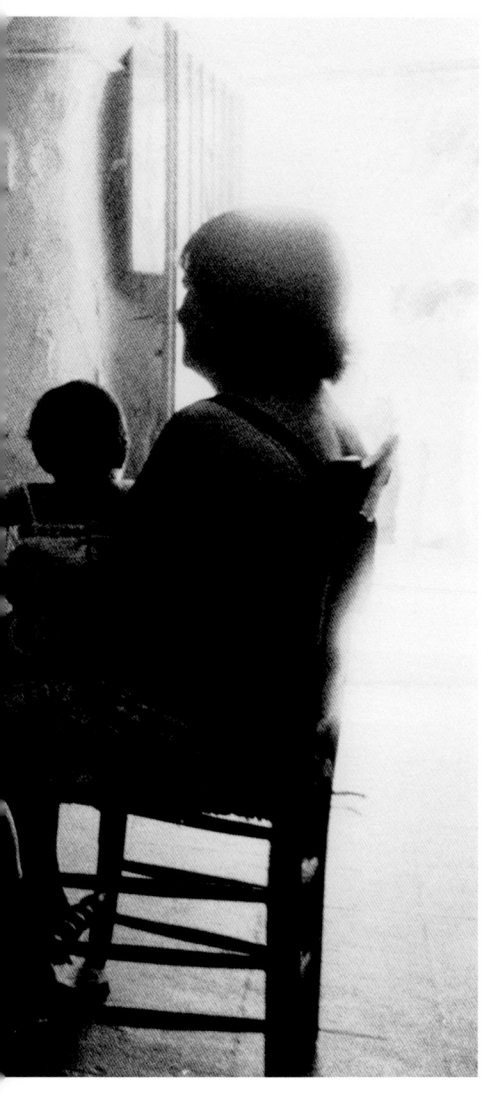

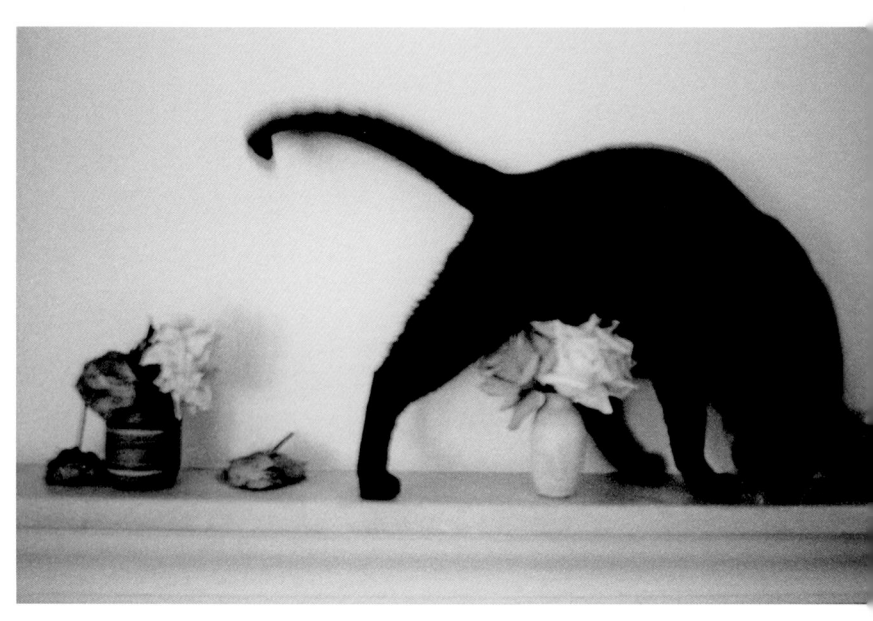

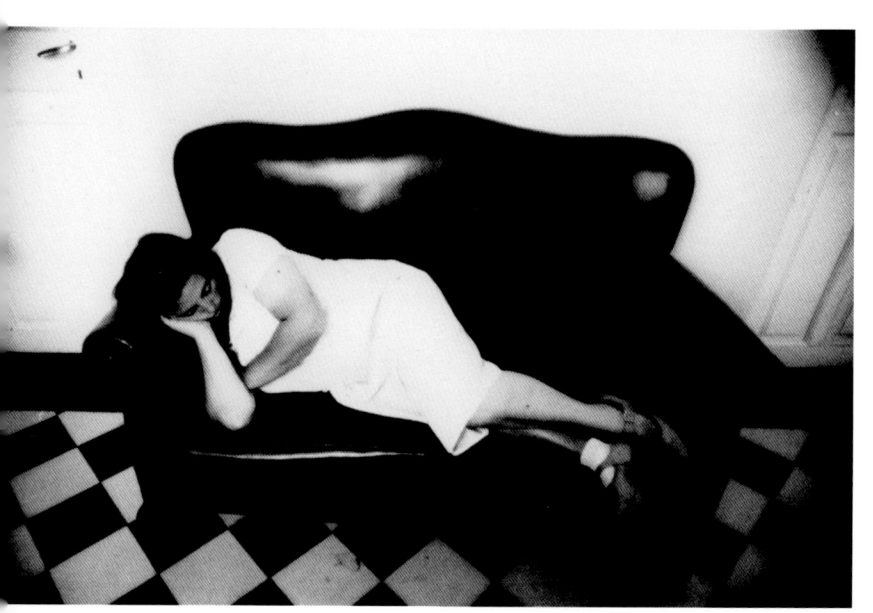

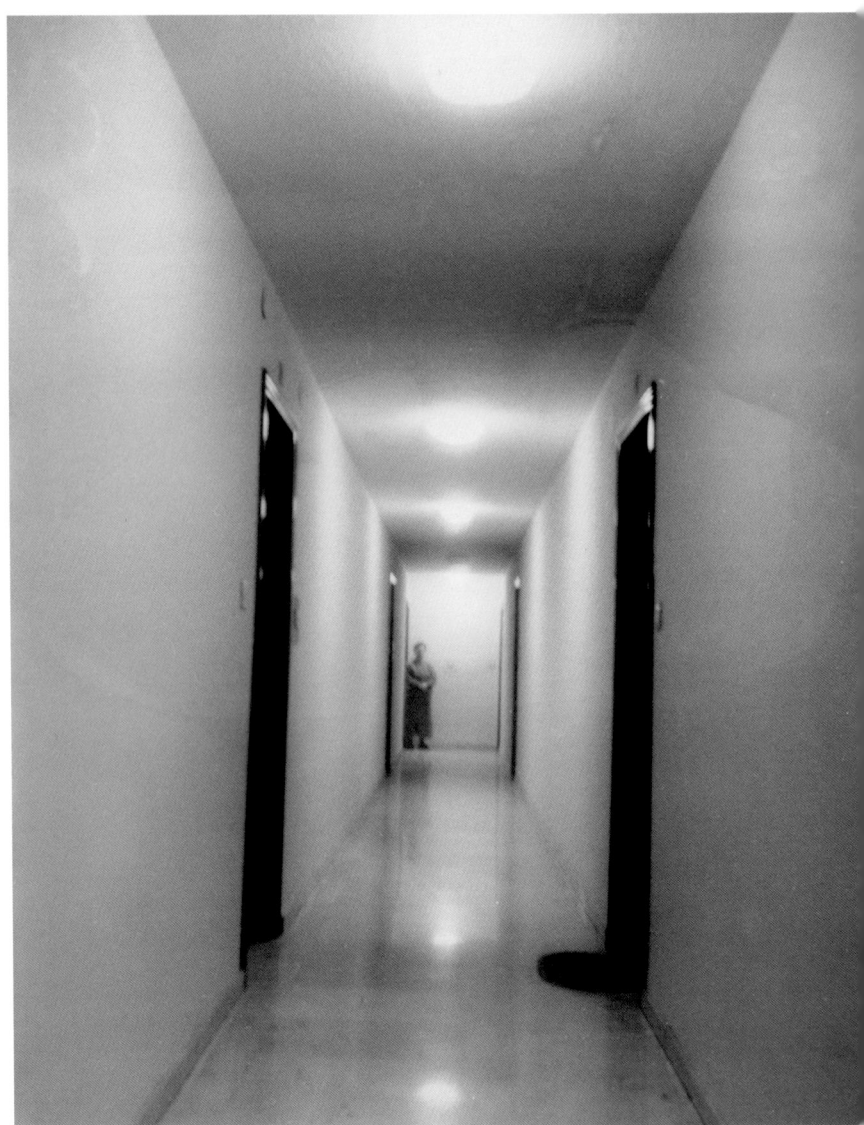

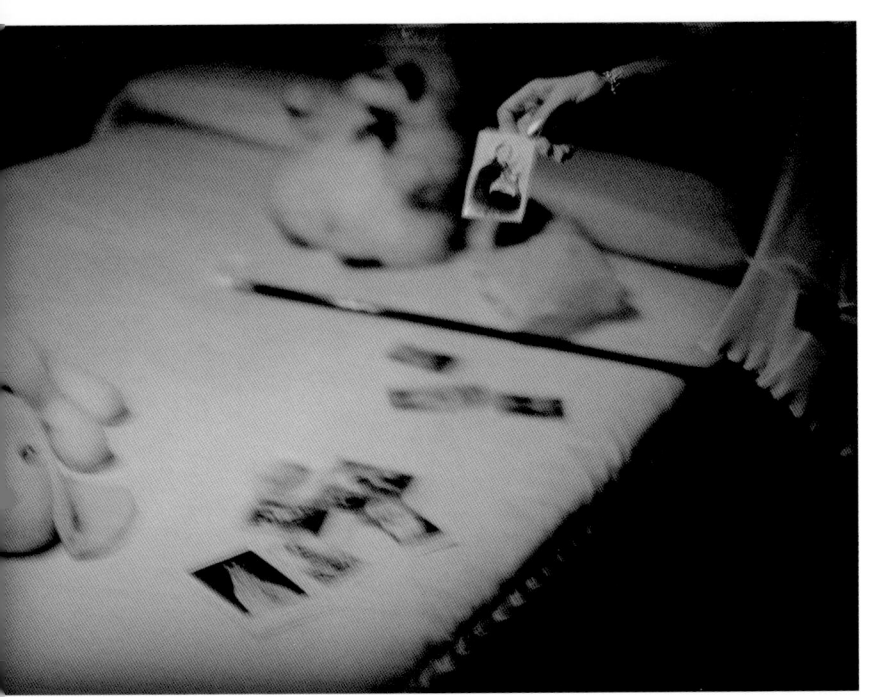

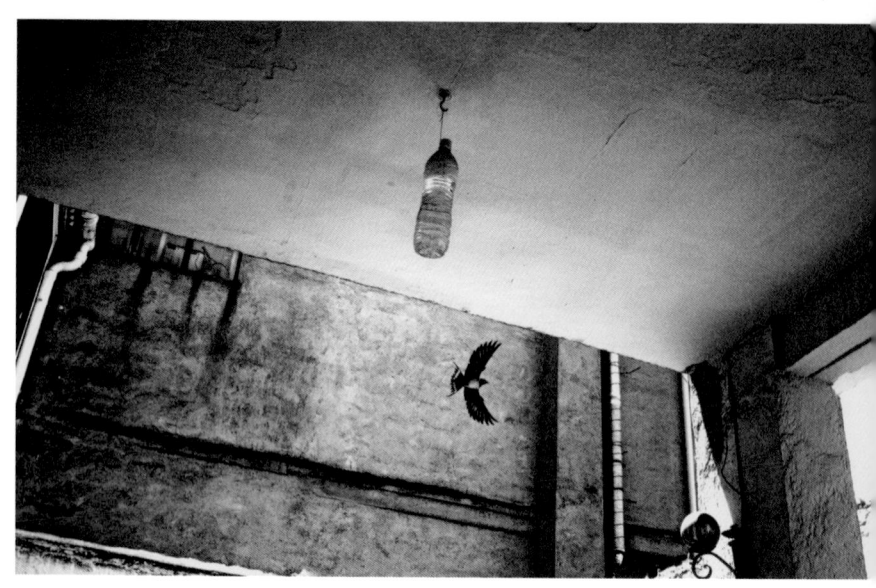

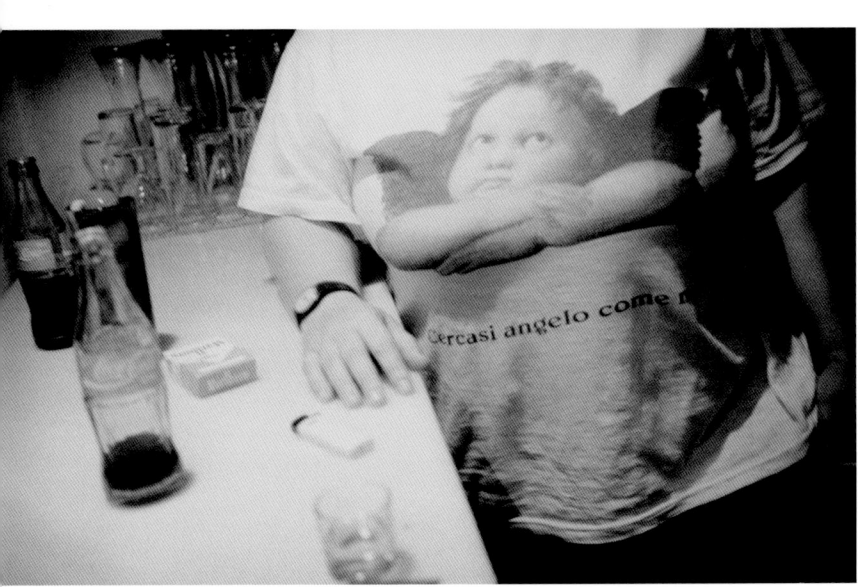

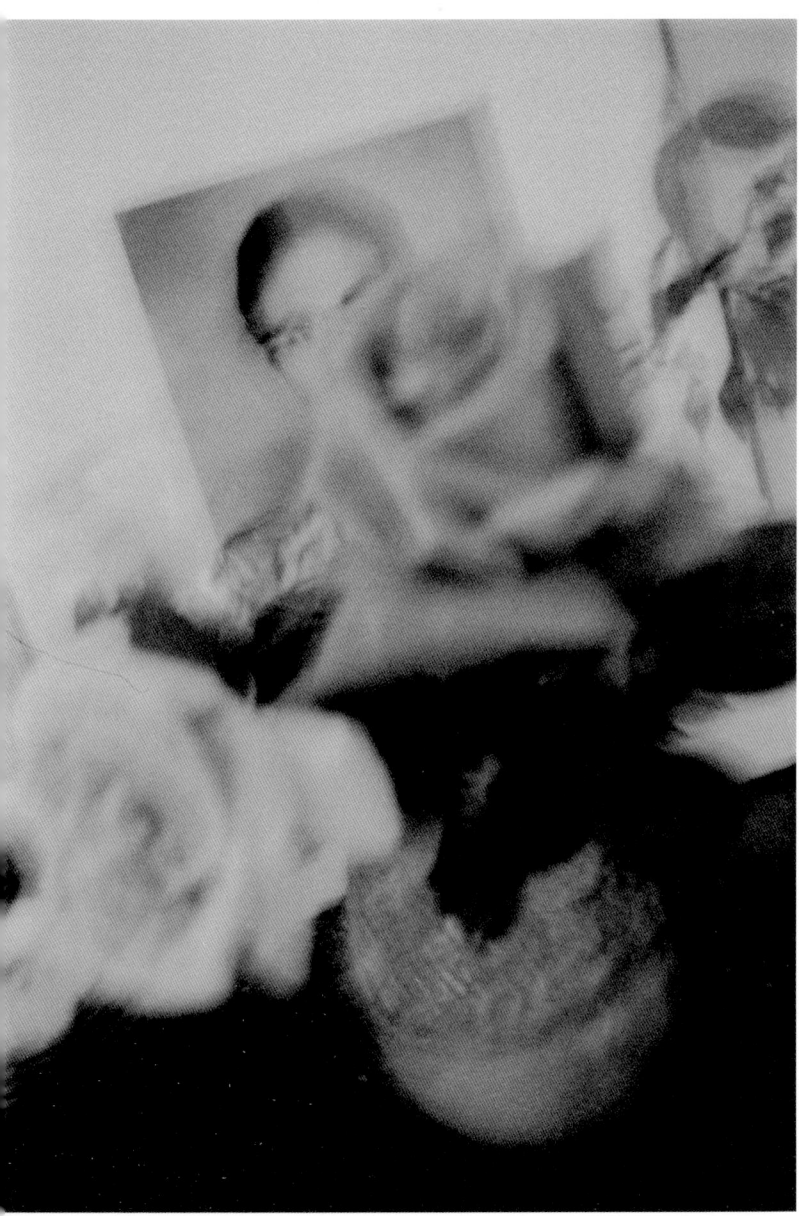

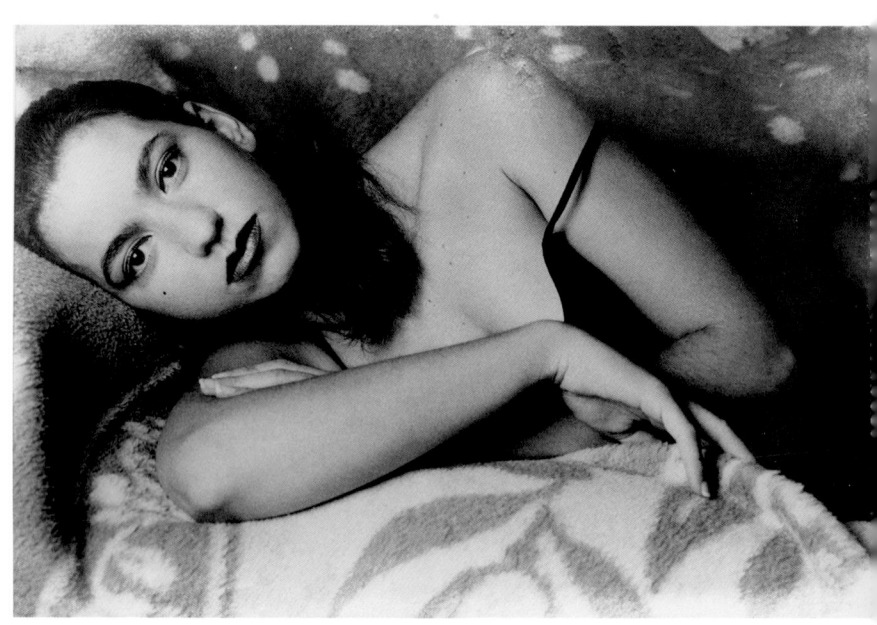

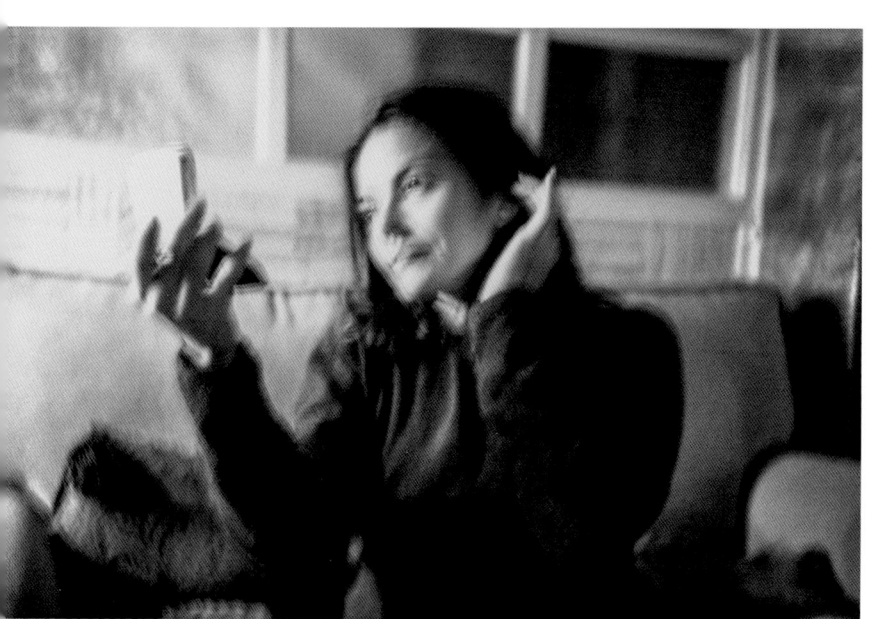

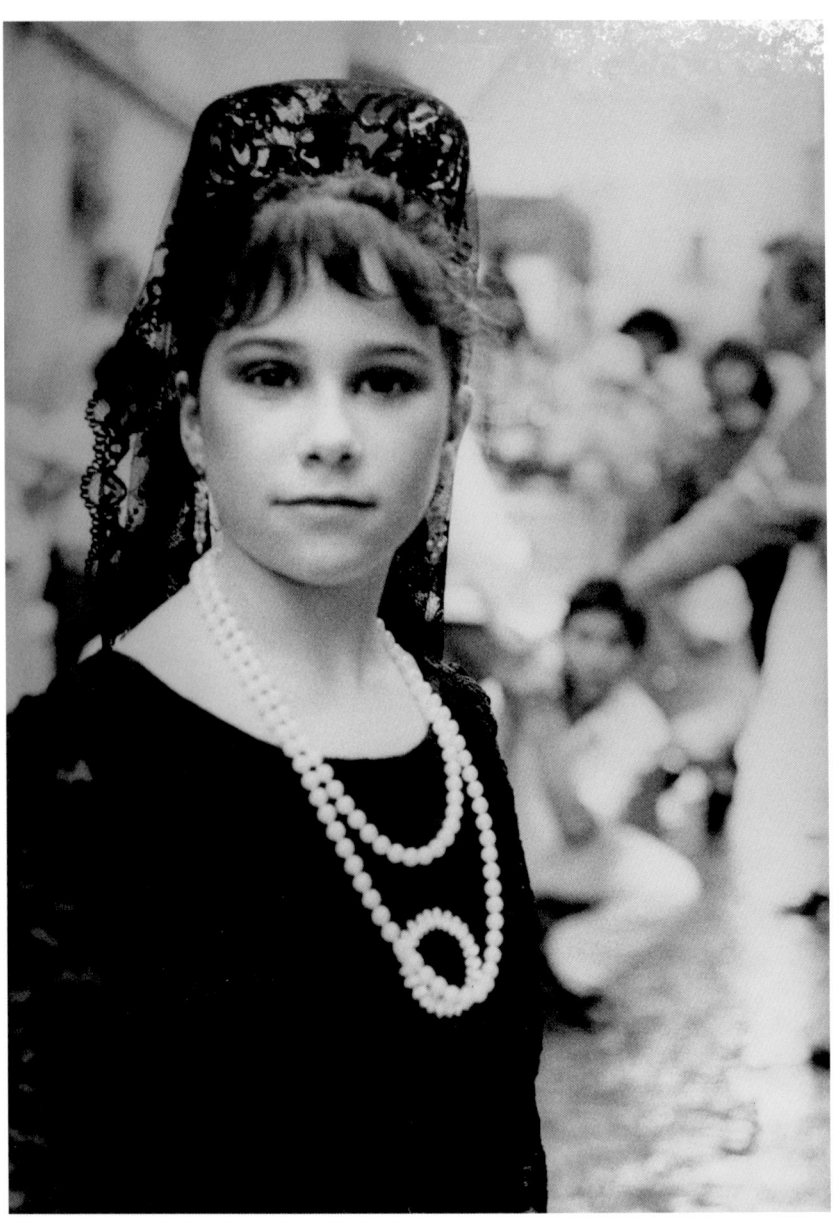

46.

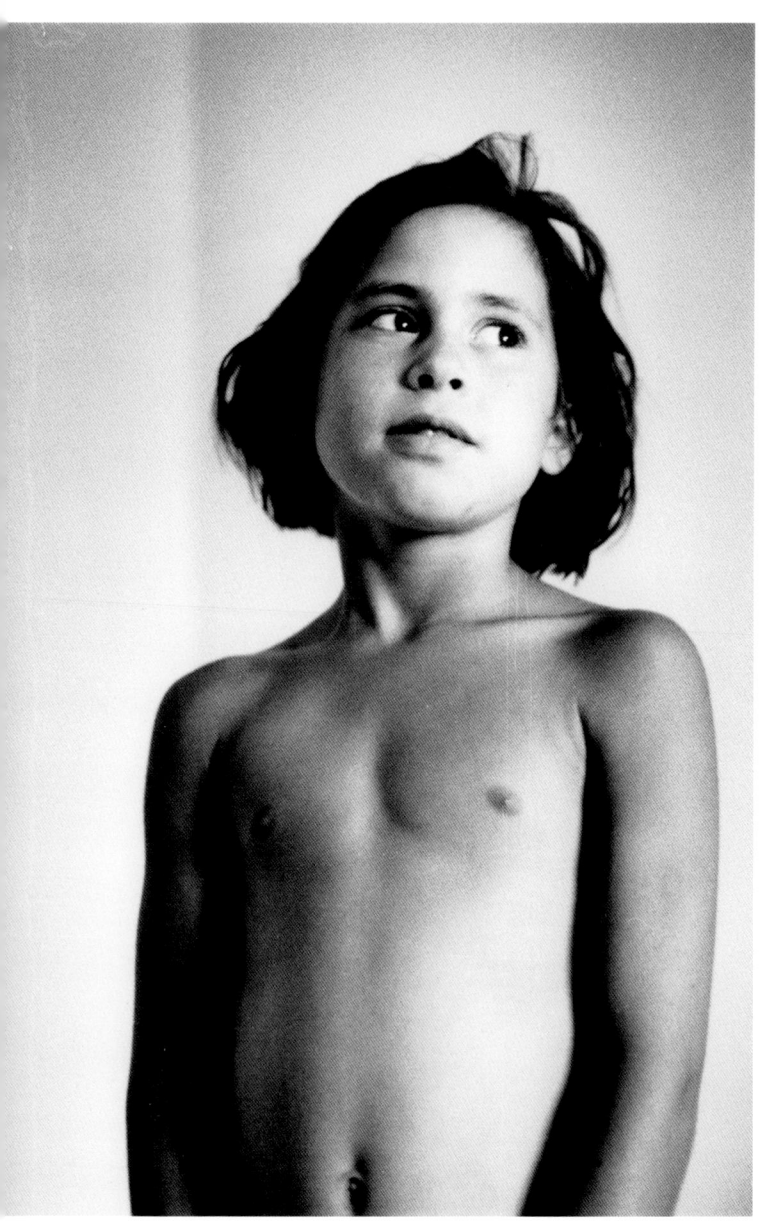

7.

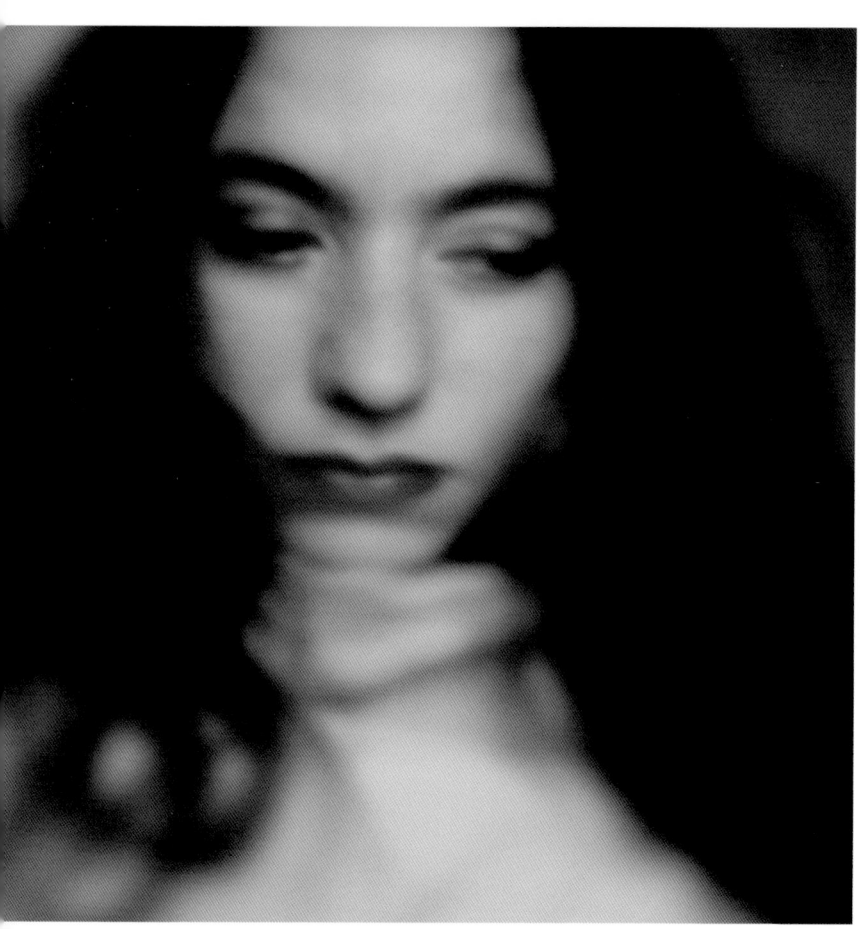

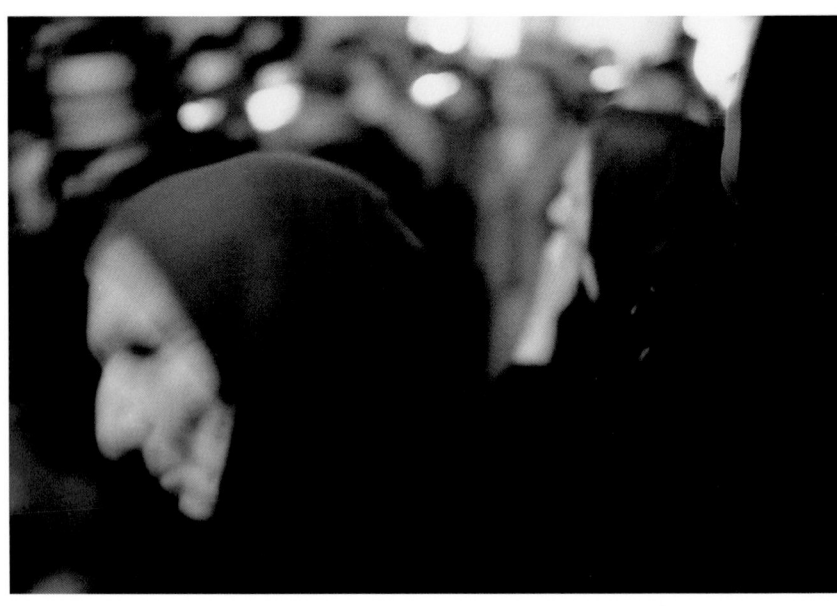

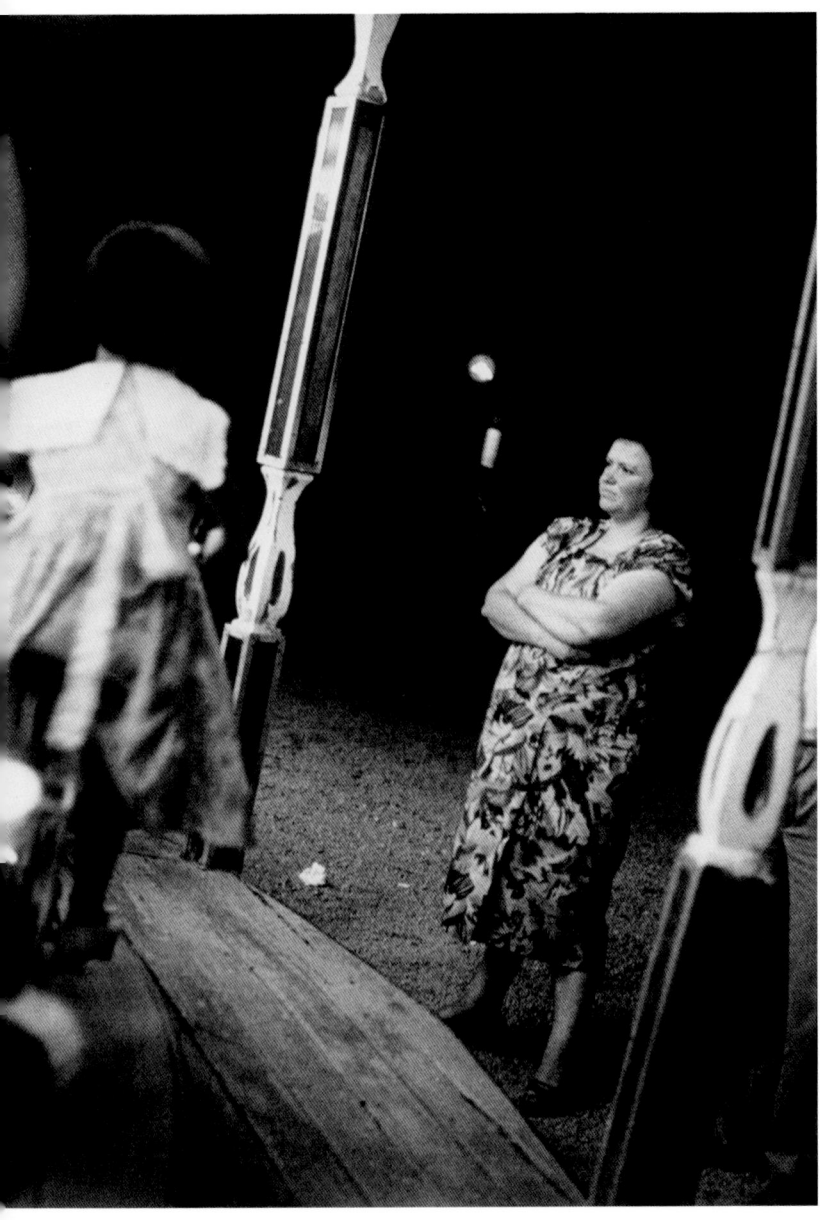

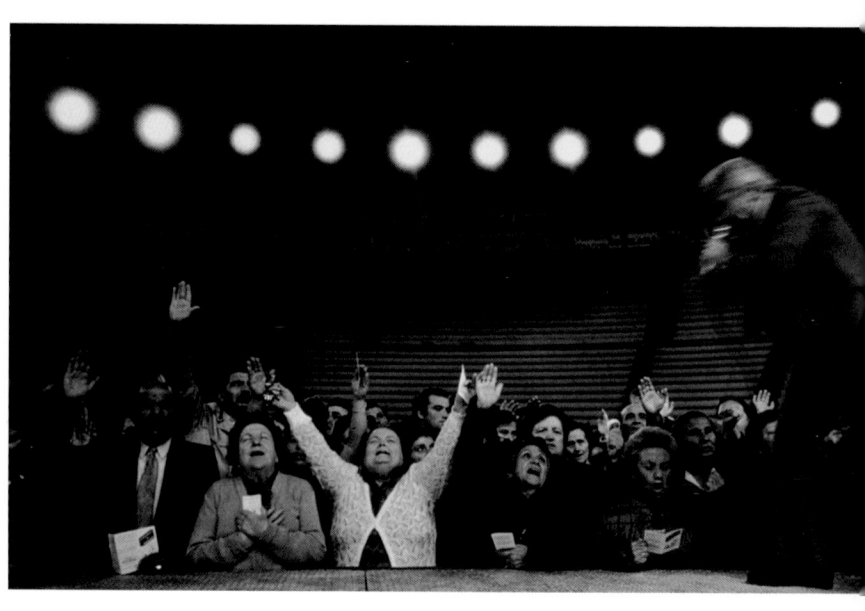

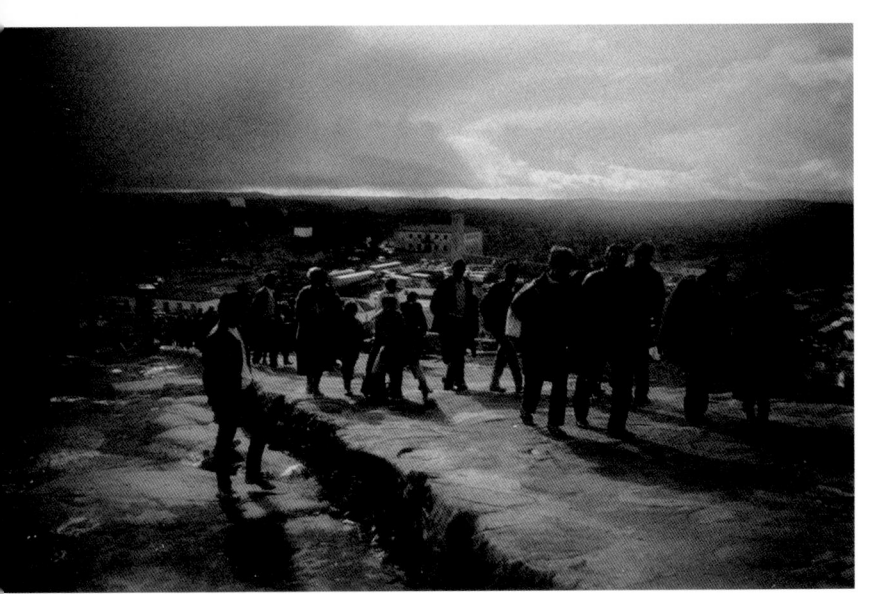

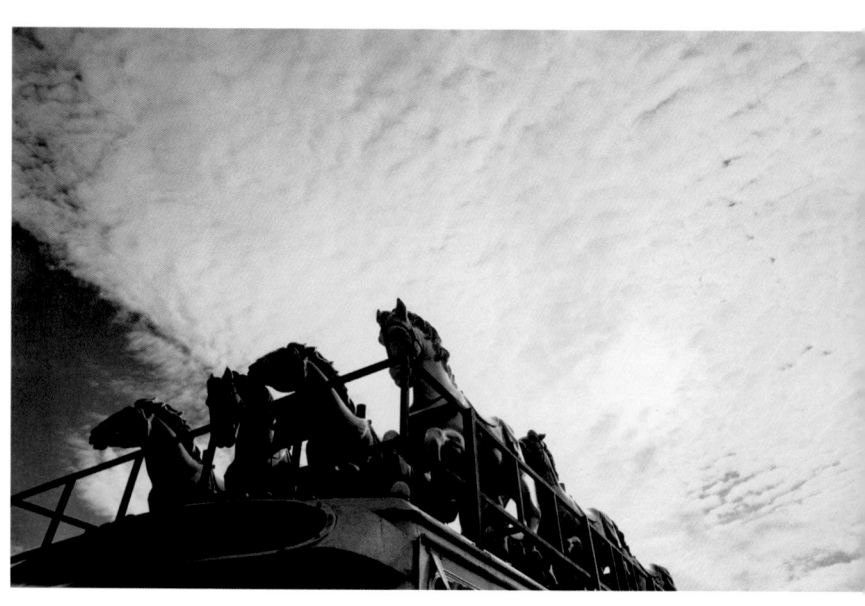

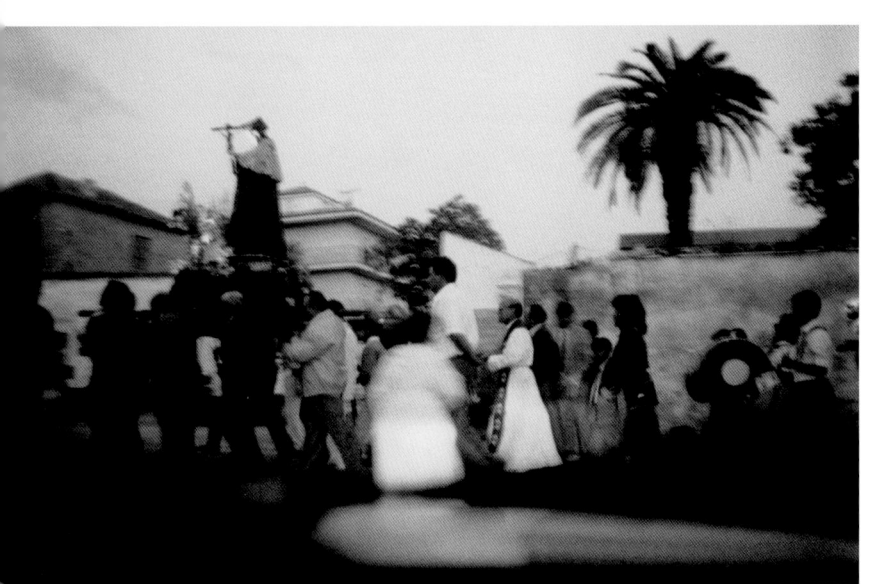

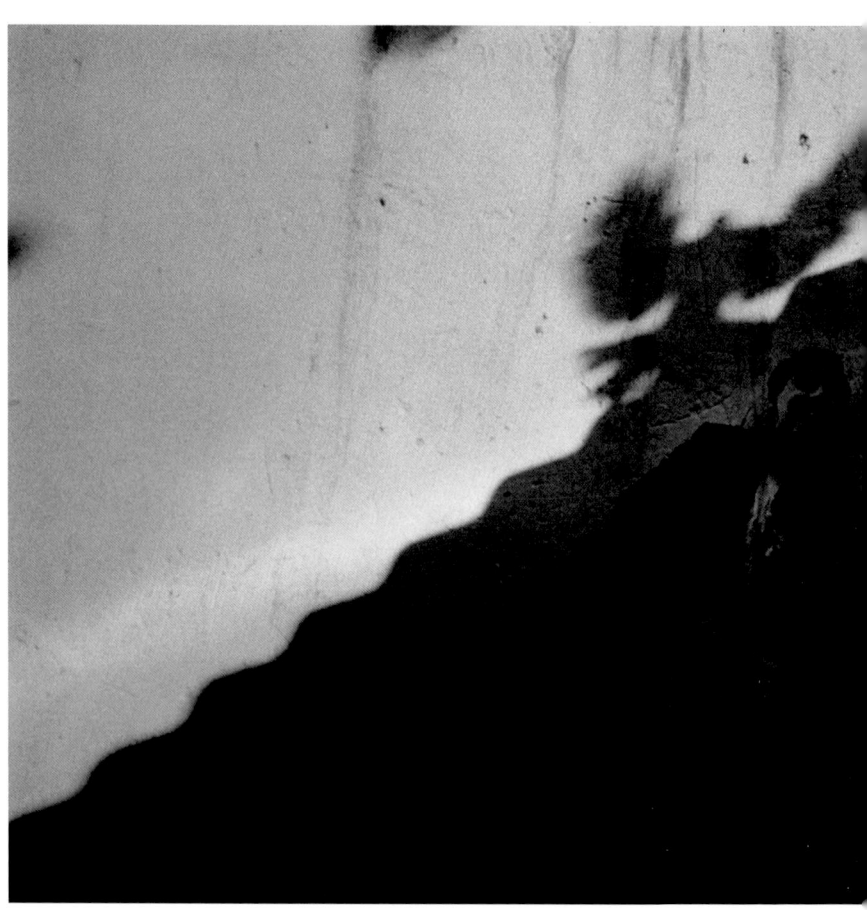

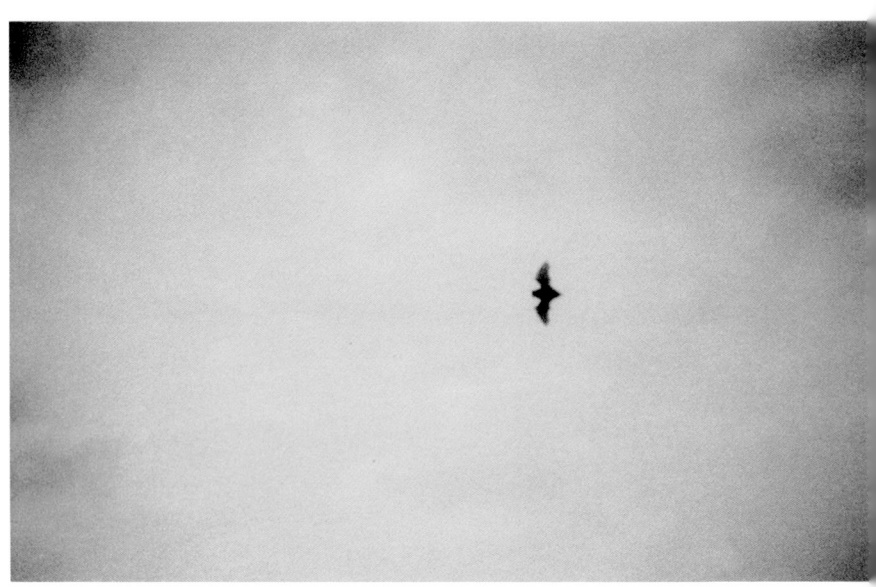

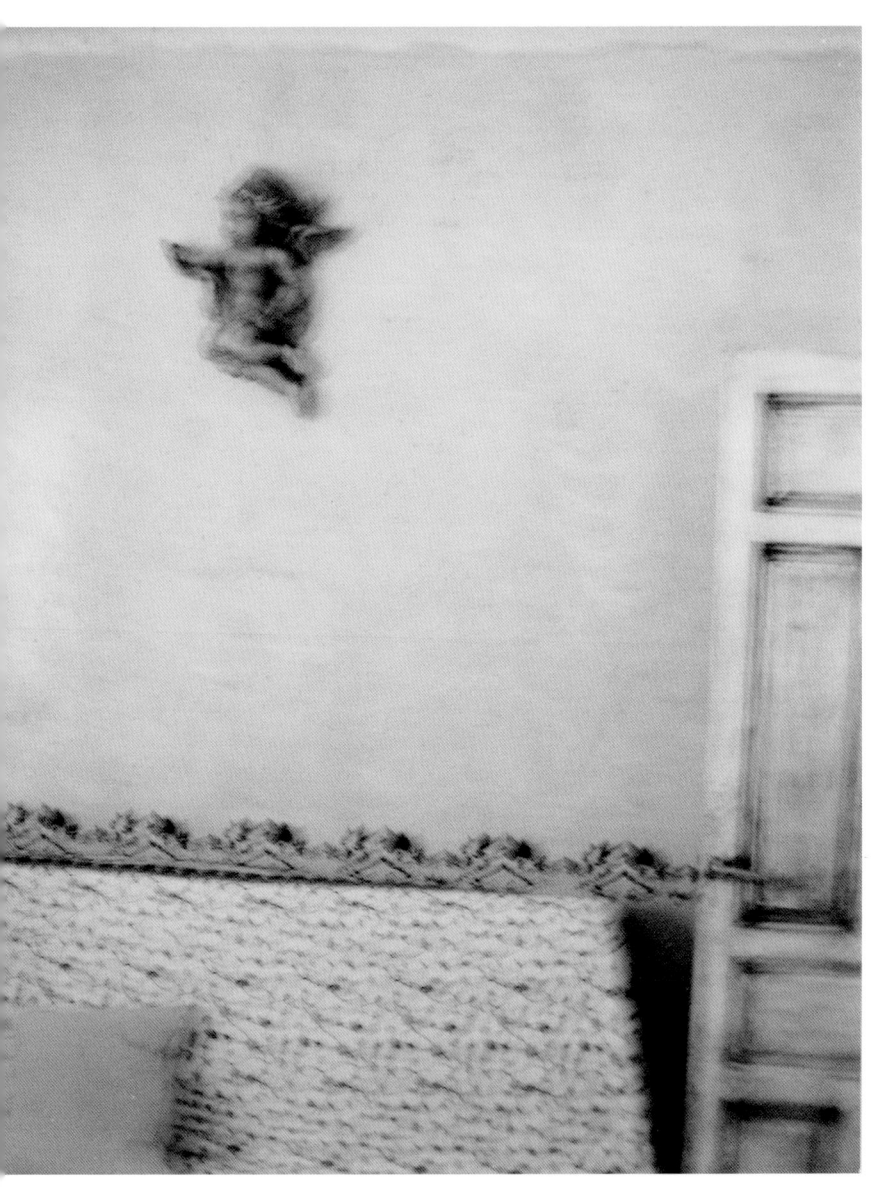

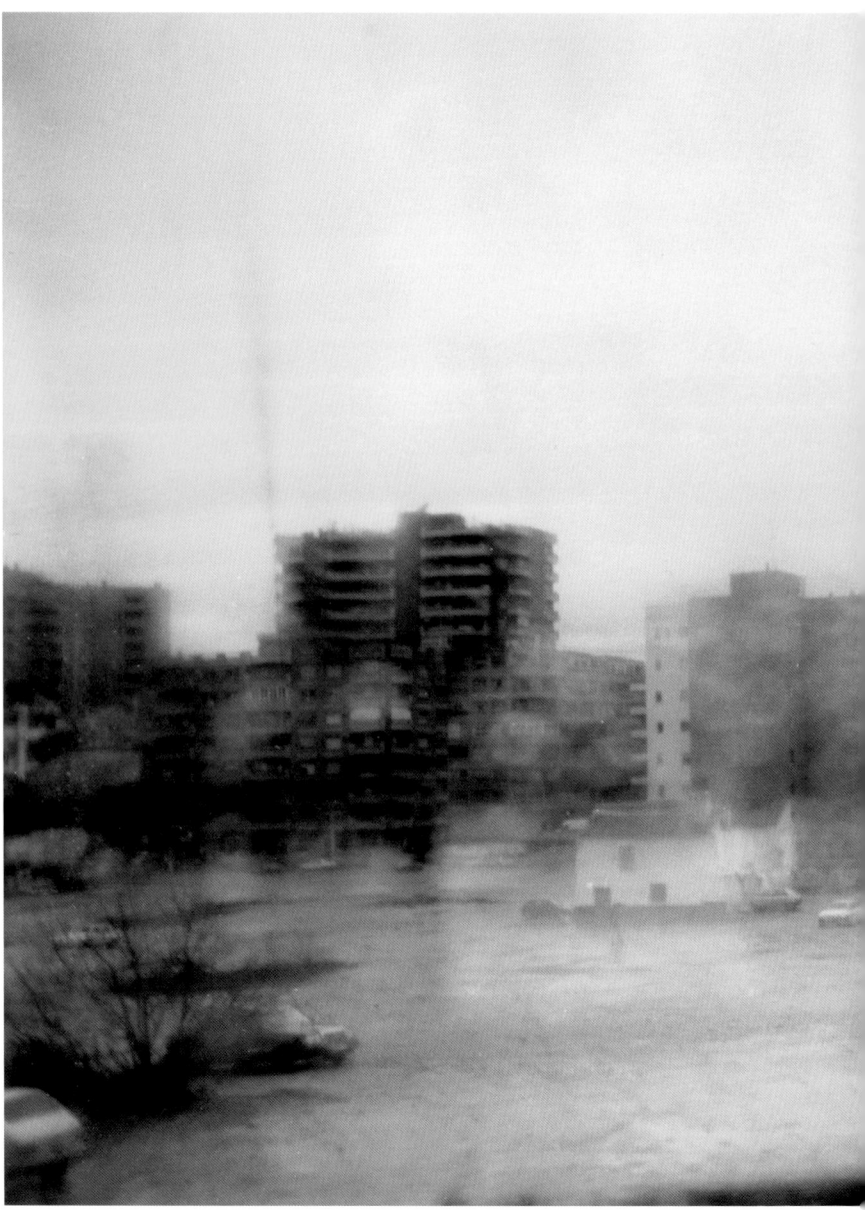

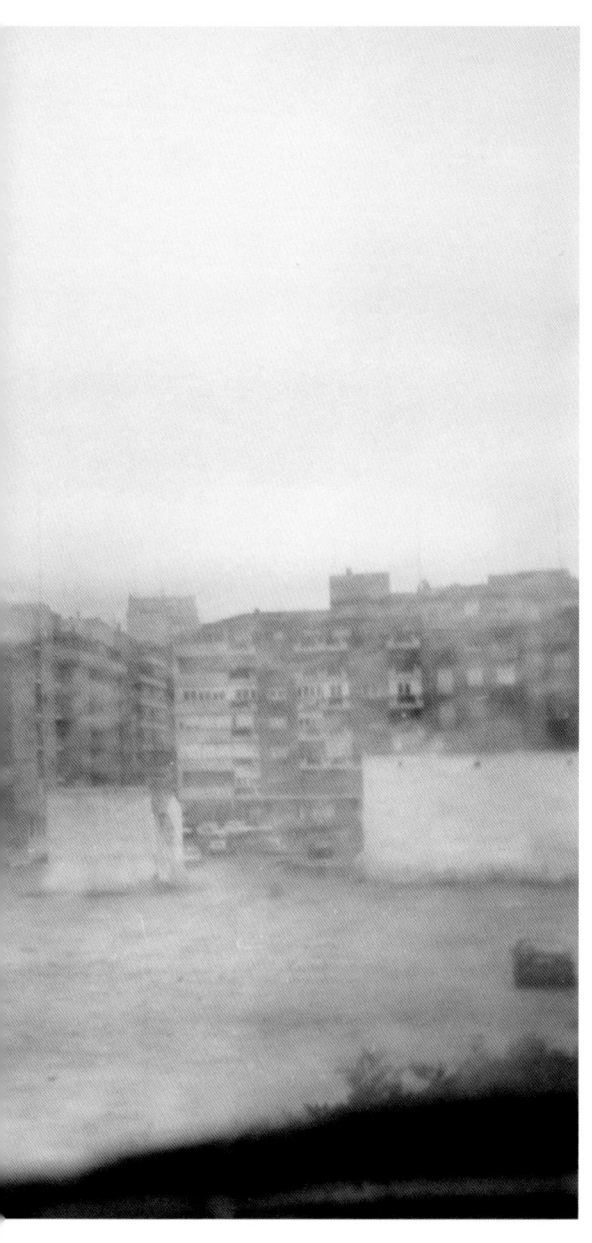

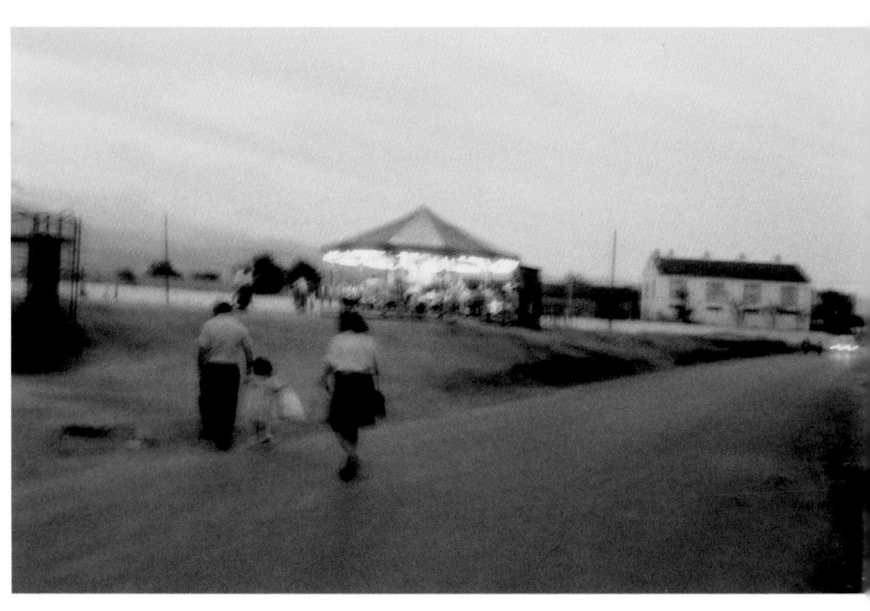

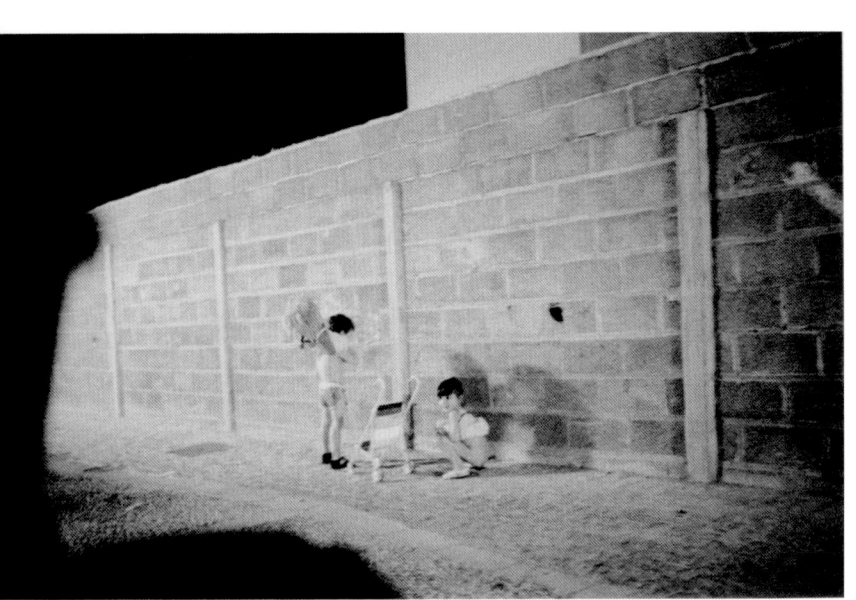

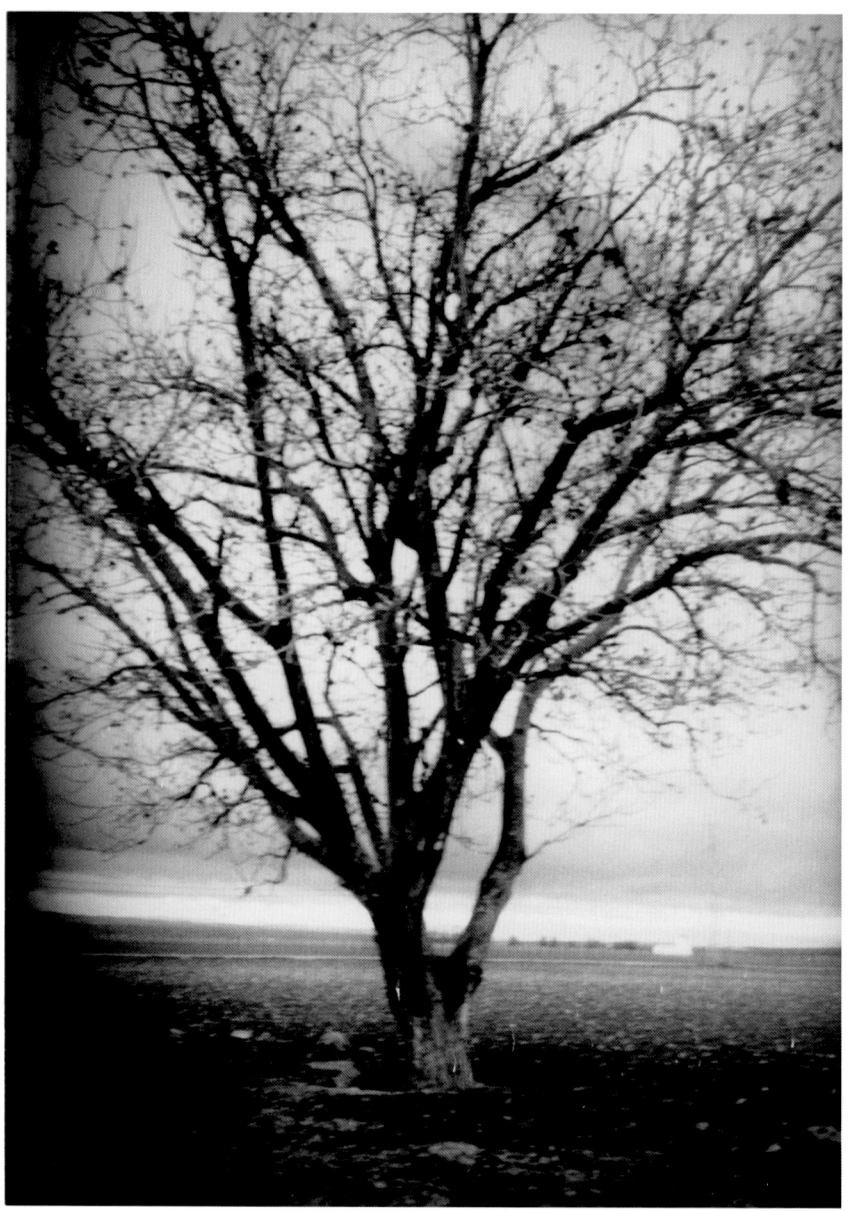

61.

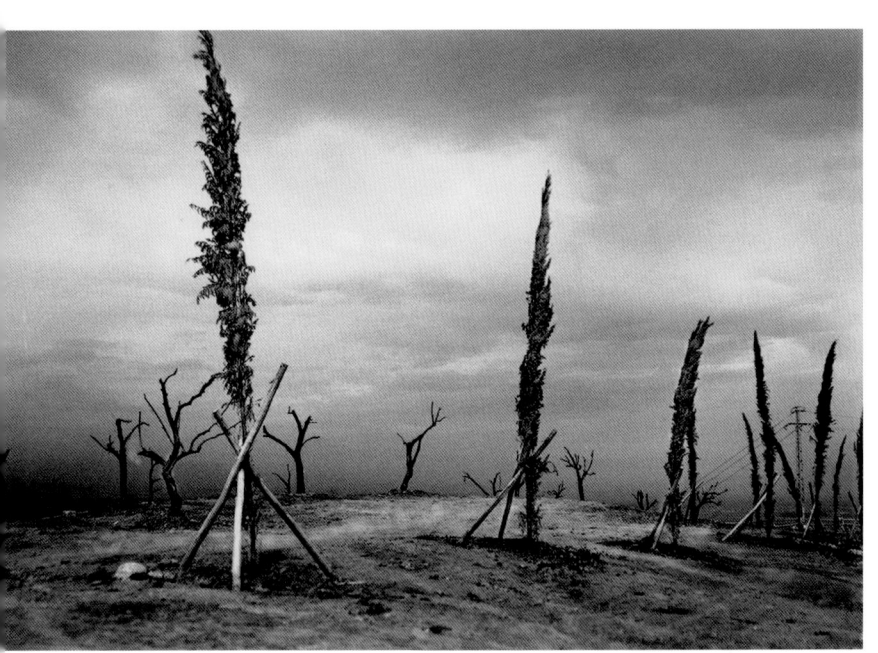

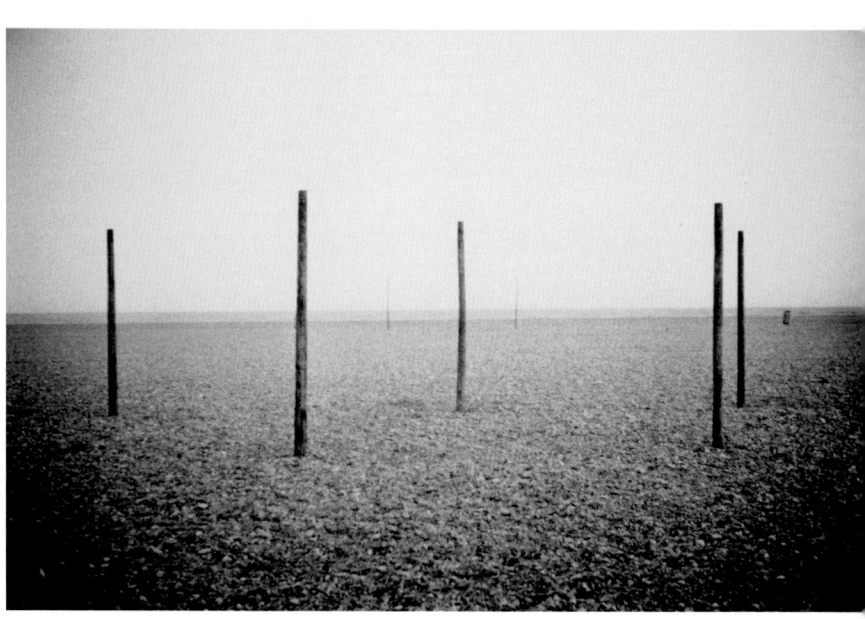

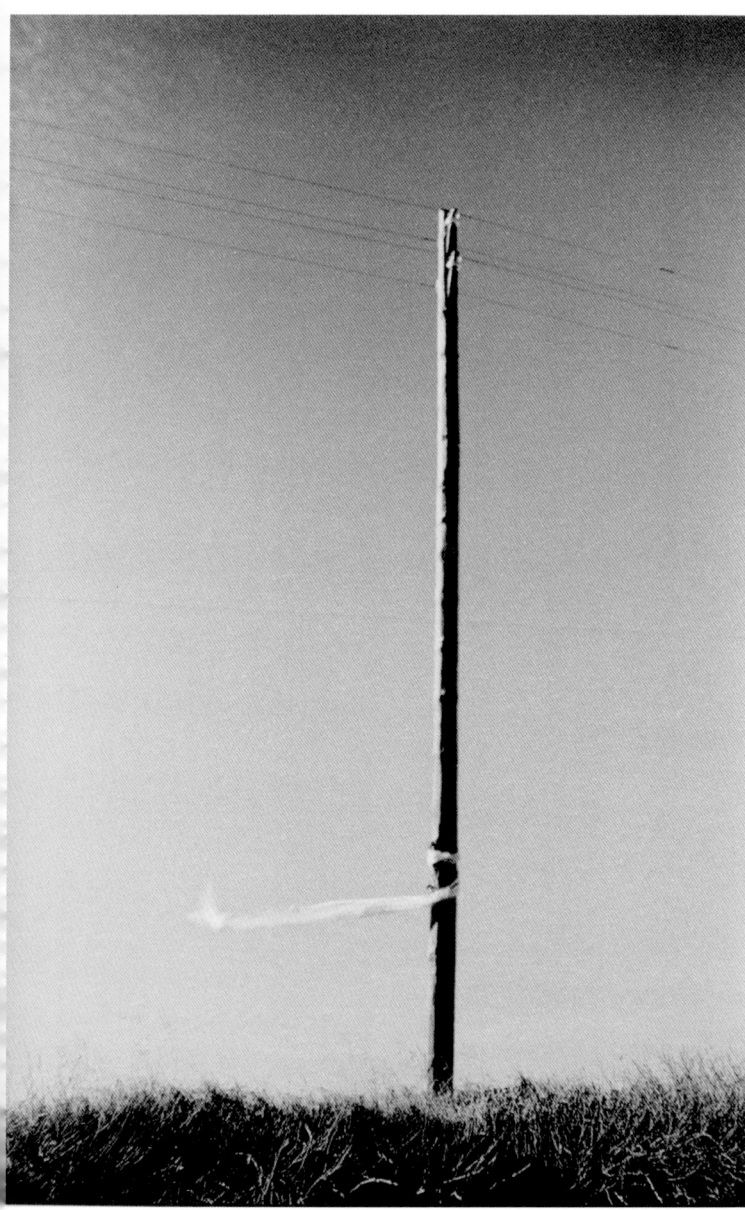

64.

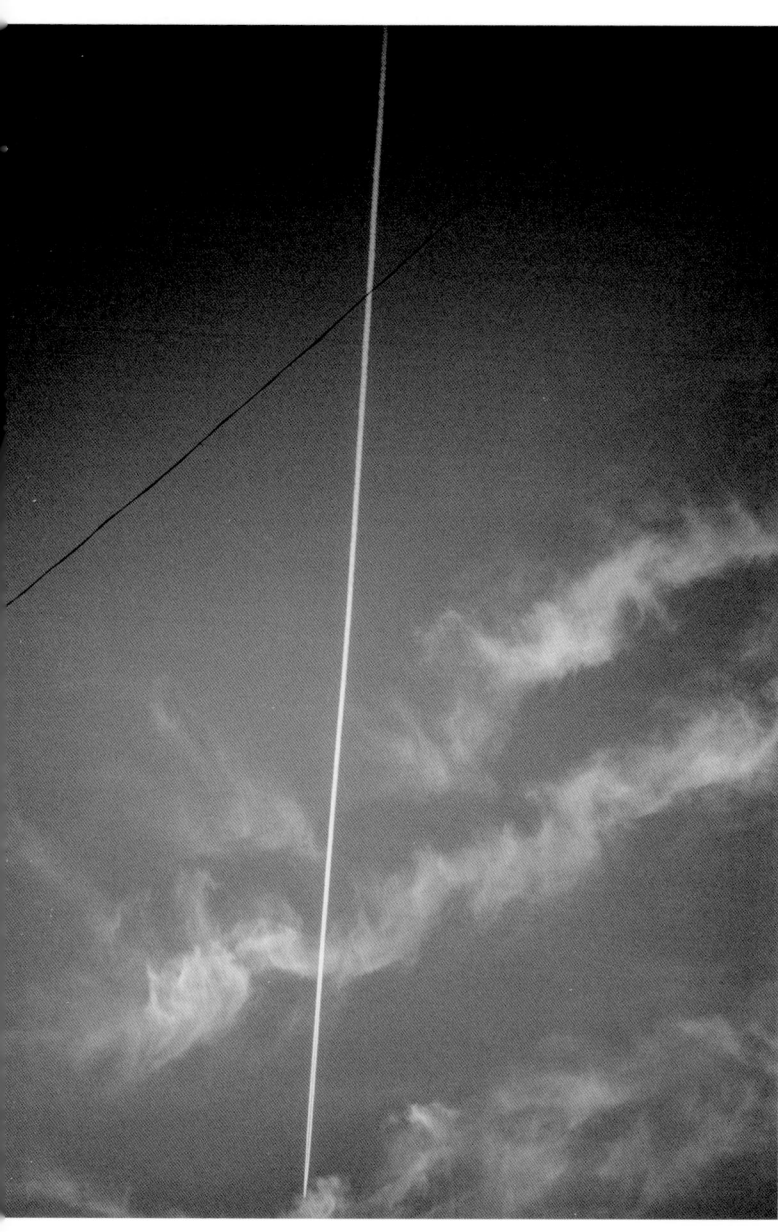

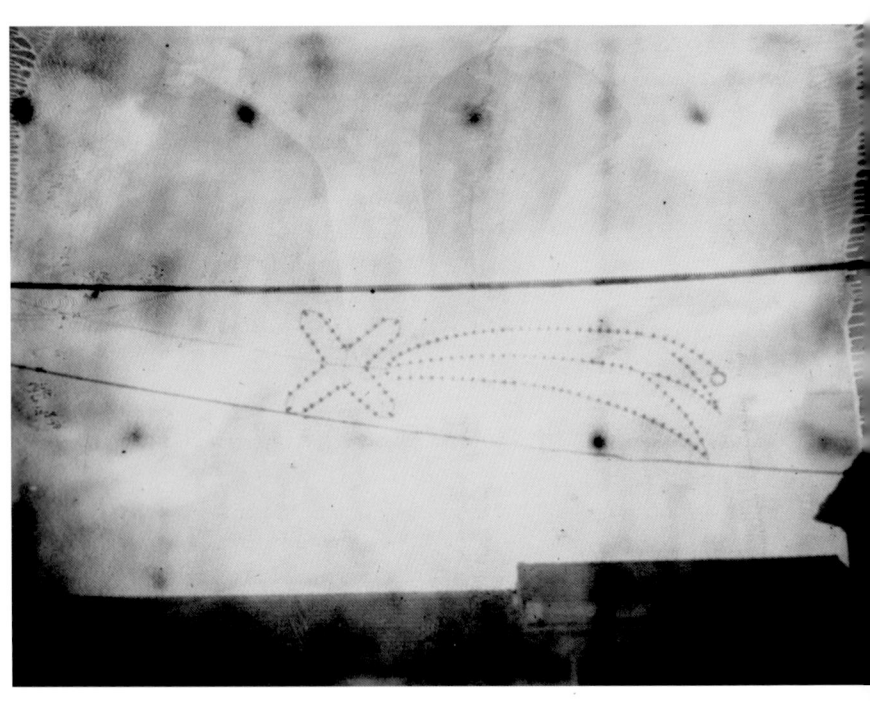

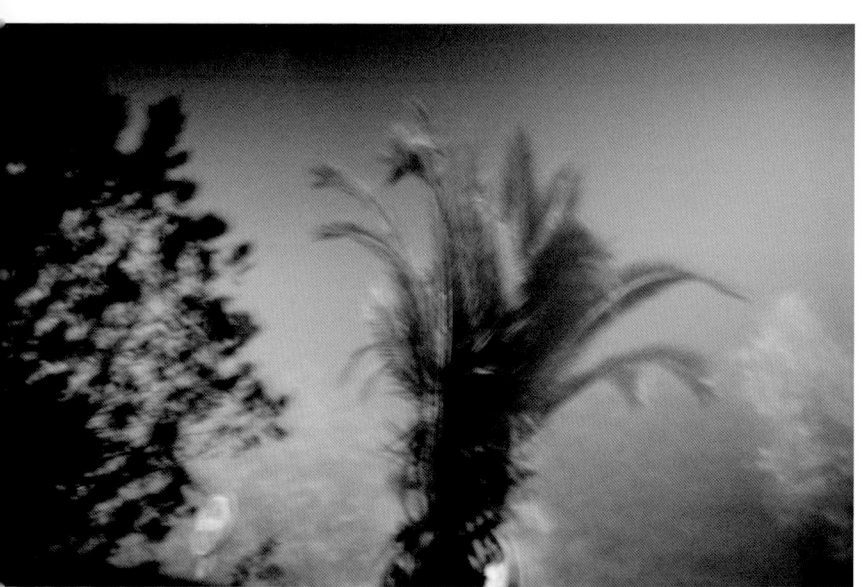

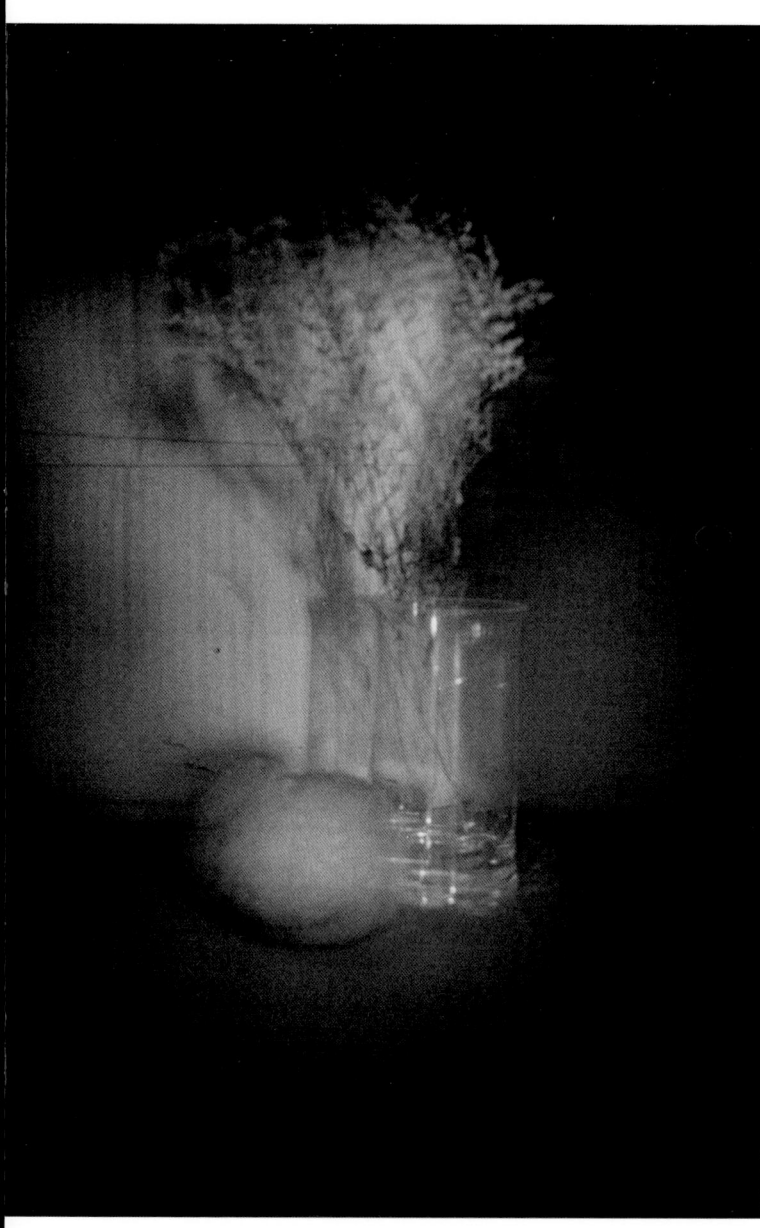

Cronología

1957	Nace en Guadix, Granada, el 18 de mayo.
ca. 1980	Después de trabajar en la compañía de seguros de su abuelo, Antonio Gaspar, comienza su carrera como fotógrafo en el *Diario de Granada*, tras lo cual se traslada al *Diario Jaén*.
1986	Exposiciones en la Delegación de Cultura de la Junta de Andalucía en Jaén y en el Ayuntamiento de Linares (Jaén).
ca. 1986	Deja el periódico y se establece en Granada, donde entra a trabajar en una compañía de seguros.
1988	Exposición en Planta Baja, Granada.
ca. 1988	Comienza a publicar en revistas nacionales, como *Interviú, Tribuna, Tiempo* o *El Europeo*.
1989-1990	Imparte clases de fotografía, primero en la Escuela de Arte Granada y después en su casa de Ogíjares.
1990	Premio a la Mejor Colección en el Salón Internacional de Fotografía de Asturias.
1991	Premio en el Salón Internacional Hoffman, Valencia.
1992	Participa en la muestra *Historia de la fotografía andaluza*, Sevilla. Forma parte del proyecto *Cuatro direcciones. Fotografía contemporánea española*, Museo Reina Sofía, Madrid. Premio en el Salón Internacional Hoffman, Valencia.
1993	Ilustra con fotografías de la serie *Esta noche tendré un sueño difícil* el artículo de Joseph Brodsky «El poeta, la amada y la musa», en *El Europeo de las Cuatro Estaciones*, n.º 46.
ca. 1998	Comienza su colaboración profesional con la tienda de decoración López de Hierro.
1999	Exposición individual *No hay camino al paraíso*, en Paso del Zute, Huétor Vega (Granada). Exposición en UFCA, Cádiz.
2000	Participa en la colectiva *Huellas de luz granadina* en el Palacio de los Condes de Gabia, Granada.
ca. 2004	Monta la productora audiovisual Le Coquelicot, con la que firma varios videoclips para su hija Lara y comienza algunos proyectos documentales.
2009	Fallece en Granada a los 52 años.

A lifetime in the mist

Rafael Doctor

In 1990 I was lucky enough to run into Manuel Santos, a curator and great expert on contemporary photography, in the library at the Royal Photographic Society of Madrid. Before long, we began to collaborate on the most ambitious project that had ever been undertaken in this medium in our country. *Four Directions: Contemporary Spanish Photography, 1970–1990* was a major exhibition that opened the following year at the Museo Nacional Centro de Arte Reina Sofía, accompanied by an important publication that served as a large directory, putting a certain order and structure to that tremendous chaos surrounding art photography in Spain. Symbolizing the first official commitment to Spanish photography at a time when it was fully accepted, it brought the art and cultural system's attention to the importance of this medium as new Spanish art was taking shape.

At the time, Spain was nursing a 'hangover' from the so-called democratic transition. Despite the major contradictions and unanswered questions that characterised this evolution, the country had become more open-minded, adopting a new attitude toward a world to which it now felt that it was starting to belong. A myriad of artists from different disciplines arrived on the scene, comprising an ecosystem that was far healthier and more open than the one that had existed until a few years earlier.

In general, contemporary art in Spain had been a hobby of the wealthy bourgeoisie and was rarely created by people who were not financially privileged. When studying the history of Spanish art photography, we find that, until relatively recently, a group of gentlemen—only men—many of whom had titles such as marquess or count, or were business tycoons, organised trips all over the country in their free time to take photographs that they would later develop themselves, at home. They would compete in contests and rely on certain magazines that provided technical and aesthetic tips for their unique shared pastime. In the 1970s, with the appearance of *Nueva Lente* magazine (1970–1979) and, to a certain extent, other foreign magazines that also began to be published in Spanish, the photographic spectrum broadened to include new themes and treatments as well as new kinds of people who had access to it. Photography began to be widely democratised, appealing to a young population that was thirsty for new forms of stimulation and eager to find its own way of expression. Since there were few exhibition spaces and limited opportunities to travel abroad to learn about advances and new languages in photography, the magazines and few books that made it to Spain were the main points of reference. The only photography books available were dull and nearly a century and a half old, and there was no true Spanish narrative.

In 1979, *Nueva Lente* published an issue focused on a young French photographer by the name of Bernard Plossu. It was the only monograph that the magazine had ever released, and it revolutionised an entire generation that, eager for information and inspiration, was looking for photographers to emulate in the creative work it wanted to do. Although Plossu had yet to find the great international recognition he would soon receive, he became a true beacon, lighting the way for many Spanish enthusiasts. A form of artistic photography was emerging that attempted to maintain a balance between autobiographical narration and various elements that had been, until recently, absolutely despised, such as movement, blurring, unexpected shots, or bringing attention to what is normally out of focus. Along with Bernard Plossu, other giants quickly crept into the ideology of Spanish photographers, such as the American Robert Frank or the Chilean Sergio Larraín, whose work became an alternative to the 'decisive moment' that Cartier-Bresson had imposed as the mantra of good photography all over the world in recent decades. Now that rigid and formal idea was blown up, and photography was finally able to separate itself from the balancing act of chance and the artificial obsession with capturing decisive moments. The scope of photography was definitely expanding, and all spaces, all places, all times were susceptible to be looked at and become decisive. A new trend arose where photography, while embracing the mechanisms of the medium, was fearlessly influenced by film and poetry. This photography moved away from the desire to report on the world and unapologetically took on a more transcendental meaning. Thus, amid an era of political and social transformation in Spain, photography, like a bastion of that change, became the favourite medium of thousands of young people who felt they had something to say. Like poetry, photography embodied the future, and to a certain extent, provided the necessary agility for any change to take place in the present. It was the most agile and democratic medium and did not require extensive technical training that would have made it impossible to practice. Although those formal contests and magazines didn't disappear, photography began to inhabit new publications, new spaces, and be seen in a different light. Modern bars were always willing to lend their wall space to those new artist-photographers who were still being denied access to the few conventional art galleries that existed in the country. Similarly, the cultural centres that were opening everywhere, along with exhibition spaces in commercial and savings banks, welcomed the work of this new generation into their galleries, serving as the main exhibition spaces for photography until well into the nineties.

And so, after the seventies and eighties, which were both naive and experimental, the nineties brought a sense of failure and disenchantment that accompanied that newly awakened freedom. It was then that disappointment sank in: Spain was a limited country that was struggling, beyond all hope, to complete all of the pending tasks that its long dictatorship had left behind. The nineties began with a reality check, and the country was forced to come to terms with its disillusionment, well aware that so much work had yet to be done. A few years earlier, contemporary art museums and centres had begun to open, and now, almost like a social necessity, these infrastructures were cropping up everywhere. Spain had entered the 'container era', becoming a society where cities and regions defined their identity to the beat of contemporary art museums, auditoriums, and roundabouts, but were incapable of offering real structures for the overall advancement of contemporary art. The whole country was now geared up for an imminent 1992, the year that would definitively place us on the Western map from which we had felt so excluded for half a century. It was then that Spanish photography, after growing exponentially in both practice and general interest, was embraced by the country's most important art institution. *Four Directions* would attempt to settle, once and for all, the old debate as to whether photography was really art, while opening the door for museums to definitively accept this creative language, which was already widespread in the Spanish contemporary art scene.

Four Directions aimed to exhibit an overall map of the previous 20 years in Spain, and to this end, Manuel Santos invited all the creative photographers in the country to submit a dossier with their works on slides. They would then be judged by a large committee in charge of selecting 40 works to be exhibited, and 200 photographers to be featured in a book and a video album of their most significant works. I worked on coordinating and arranging those dossiers. At the time, it felt like life was giving me a gift, as I was writing my still-unfinished doctoral thesis on Spanish contemporary photography.

I clearly remember the day when we opened a fat envelope containing a simple letter, an almost non-existent CV, and a plastic sheet with 20 slides. The sender was a certain Manuel Bello, who, at the suggestion of the renowned Granada-based photographer Vicente del Amo, sent us his work. He had a very brief CV of exhibitions and publications, but there on the projector appeared a series of images that astounded us, because they were absolutely unprecedented, and they came from someone we had never heard of before. Manuel Santos recognised their importance immediately, and when the time came, he presented the work to the selection committee. When they saw the projections, the committee members were amazed by the quality of those dreamy, black-and-white images that didn't resemble anything they were seeing at the time. However, the committee decided that the exhibition, which was a retrospective on 20 years of photography in Spain, shouldn't include someone who had just come out of nowhere. Manuel Bello would be featured in the book and video album, of course, but despite the quality of his work, they thought it wasn't right to include him in that exhibition, which was intended to recognise people who had been in the thick of things a lot longer. Decisions like these can change a person's life. When you're responsible for making them, you're well aware that they can open or close doors, but ultimately such decisions must be made, although you can never be sure if you made the right one. Life is a crapshoot, and when judging a work of art, your criteria is based on little details. No matter what decision you make, it will always be unfair. Manuel Bello was part of that video album and book: he was featured as a 'great unknown', with a CV of just a few lines, but he wasn't included in the exhibition that would have undoubtedly changed his life.

We need to look at the circumstances to understand where this artist came from. Imagine Granada in the eighties and early nineties. It was a peripheral part of Spain, and even a peripheral part of Andalusia itself, which was so centralised and growing strongly in that new stage for the country. A city with a tremendous cultural foundation that still bears the weight of Francoism, in the wake of Lorca or Val del Omar, that is perpetually vying to reclaim ownership of its present, to have a valid and impactful voice, although the shadow of its enormous history always seems to extinguish any new light. Granada, a place full of students and soldiers, tourists and gypsies, capable of surviving institutional apathy and neglect arising from conformity due to its own intrinsic beauty. That post-Franco Granada, where a School of Fine Arts had even been opened, is the context where Manuel Bello must be placed. A Granada that is still closely connected to its surrounding towns and wide plains, a Granada of narrow streets, but not of alhambras, cathedrals, or Mudejar art. A Granada that is saved from the shadow of itself and that, like so many other cities, is a refuge for many misfits from a system that they perceive as hostile and to which they do not seem to belong.

A Granada of great new poets, although now their verses are not published in paper booklets, but rather photographs or albums: the city of Lagartija Nick, of Los Planetas, and of Manuel Bello.

I cannot say much about Manuel, since I never met him. If I ever spoke with him about those wonderful slides for *Four Directions*, I cannot recall. However, I do vaguely remember having some contact with him regarding an application for a grant to create works for a museum that I directed in León in the early 2000s. And I certainly recall the impact of his photographs on those slide sheets, which are now probably in the Documentation Centre at the Museo Reina Sofía. Similarly, I remember receiving his book *No hay camino al paraíso* (1999) a long time ago, and seeing his photographs published a few years earlier in *El Europeo* magazine along with a text by Joseph Brodsky. I learned of his death over the then-incipient social networks in 2009. Seven or eight years later, when I became director of the Andalusian Photography Centre in Almería, I arrived with an ambitious, four-year plan that included commemorating him through a major exhibition and a book. Unfortunately, I was unable to complete that work, because the new rulers who returned to power after several decades considered me too much of a free thinker to direct such an important centre. In short, I continued on my way, and although that project was cut short, out of respect and poetic justice, which can sometimes be quite simple, a little over a year ago, from Granada, Paco Baena, who had written a novel inspired by Manuel Bello, suggested that I continue with my frustrated plan. So here we are, attempting to resurrect someone from oblivion who was also too much of a free thinker to follow the endless rules that seem to govern the structures that make this world go round. But before I say anything else, I must confess that I'm absolutely hopeless, because I can only approach his work from a poetic standpoint, based on my own life experience and passion for photography. So, like the protagonist of Paco's novel, I'll put this artist into a poetic context, to the point that my passion for his work allows.

What makes Manuel Bello so different, so appealing, in contemporary eyes? What are we trying to resurrect by unearthing his photographs? Here, there is no specific theme. It's hard for me to define what this artist offers. His atmospheres are provocative, scenes or things that do not attempt to tell, but rather to suggest. Almost nothing is shackled by a title, date, or place. His work inhabits an atemporal space. They are not snapshots of anything, nor do they intend to be. It's as if they were the fleeting moments or bursts of energy through which our lives unfold; perhaps meant to show us that, beyond the evidence of absolute vision, a door to another world exists, a parallel state where everything is more beautiful and imprecise. As if words could be broken down into a primary essence, representing something deeper. Because what we have before us isn't a road, or at least, it isn't just that. We're not looking at a specific scene of an overturned car or some neighbours on their way to a festival: we're seeing something that lies much deeper than that specific, present moment from which it arises. Life, places, and people become accidental, an excuse to dig much deeper and generate images that make us feel something undefinable. A sensation that cannot be described in words, it's capable of trapping us and transporting us to another dimension that we know exists, but which we can only connect to through different poetic mediums. I won't make the mistake of attempting to explain, in this short text, the reason for these works. What could I possibly say about that mist? How could I define those lights in that street, those cats in the night, that reclining woman, those dried flowers, or those intersections on the road? Who am I to say anything about that cinema at night, that mother in the background, that light in the building, that streetlamp, child, or palm tree? What would I know about that path, that shadow, that hallway, that bed in an old house? What strikes me about that photograph of that picture card of Saint Gemma, that traffic sign, the silhouette of that tree, or those lights at night? A crucifix decomposes with flowers on the ground, and some cypresses are held up by sticks on a barren wasteland that looks like a theatrical stage, because here, it always seems as though something has been performed before. Our gaze is more comfortable when generated beyond stillness and static thought, by a car moving stealthily through space and time, a gaze that wanders like that dog on a chequered sidewalk, like a ribbon tied to a lamp post, revealing the direction of the wind. A wild, indomitable gaze that obsessively fixates on the same themes over and over, sensing that there is always something more to be seen when observing that bird, that tree, or that child in the street.

But again, I refuse to explain poetry. In the few images we've managed to bring together from the tangle of work that this poet, I mean, photographer, left behind, there are too many stories that can never be told. All we need to do is look at them and allow that magical communication to take place between the image and ourselves. Ultimately, that's what art is about. And here we are, talking about that, the transcendental, the elusive, something we can only sense intuitively, but that the creator himself was aware of, because how else, as a photographer, were you capable of renouncing that visual promiscuity that the photographic medium offers? How else did you manage to continue producing images in a space so limited by the little subterfuges of daily life in a provincial city that you couldn't seem to escape from? Accepting yourself as an outsider, as a stranger among your people, aware of an imaginary glass ceiling within a system that imposed a movement that you were unwilling to participate in. Again, I cannot speak of someone I didn't know personally, but I can highlight the acceptance of someone who knew he was living in a limited space; that he was in a garden, never in the wild forest he would have liked; who came to terms with the fact that he was a free verse in the chaotic book that is the ecosystem of each city.

Here, in this publication, are just 50 images that we found after searching through the work that Manuel left to the people he loved over time. There are no archives, almost nothing is left, because with his departure, everything seemed to collapse and rapidly fall into ruin. Often, a person is the cause of their own undoing. It makes no sense to think of the future when the present has stubbornly resisted you. His negatives must be somewhere, perhaps deteriorating due to humidity or mould, along with that blue, fabric-covered box of images that he collected for his only major exhibition at Paso del Zute, in Huétor Vega, that peripheral town in the peripheral region where he received the recognition he deserved, at least throughout Granada. That blue, fabric-covered box that everyone remembers but nobody can find, a blue box, a blue that's the only colour that appeared in this adventure, a blue that (although I never saw it) I remember as sky blue, a subtle tone that fades and vanishes in our memory. A royal blue, elusive box, which seems determined to continue the artist's tradition of non-conformity with the world.

I haven't managed to delve deeply into the work or the person behind it all, the father, the lover, the friend, the teacher, the student who he also was. I could have created another Avery Jones, as Paco has brilliantly done, but I'd rather stop and simply express my fascination and my inability to penetrate the depths of something that, honestly speaking, I'm not sure needs any explanation.

So, yes, he was a photographer who barely took any photographs. A photographer who remained still, in contrast with the orgiastic tangle of quantity that floods the world and turns everything into archives. Indeed, he was a photographer with fewer than 100 images to his name, an absolute anomaly in a world where everything visible provokes a flurry of snapshots from cameras that seem unwilling to overlook even the tiniest detail of reality. An incredible photographer who isn't backed by archives, but who has the life of an entire city behind him, an artist so talented that, when looking at his few images, 15 years after his death, we are still happily caught in their mystery or the tension they generate in us. Against the imperious vanity of brightness, he lived a lifetime in the mist. Against the glaring colours of the world, he captured the impalpable, ethereal nuances left behind when the light shined on things, at a time not marked on a calendar.

I recently told Bernard Plossu, a great friend of mine, that I was doing this work, and he remarked that Manuel, with whom he corresponded for a time, and whose book he owned, was quite possibly the best poet photographer who has ever lived in our country.

Rafael Doctor

Ciudad Real, 1966. Historiador, escritor, gestor cultural, activista por los derechos de los animales. Ha dirigido el Espacio Uno del MNCARS, Musac, la Fundación Santander 2016 y el CAF, y ha sido presidente de Capital Animal. En la actualidad es comisario independiente y director de la editorial Los Doscientos y los Encontros de Artistas Novos de la Cidade da Cultura de Santiago de Compostela.

Ciudad Real, 1966. Historian, writer, cultural manager, and animal rights activist. He has been the director of Espacio Uno at MNCARS, Musac, Fundación Santander 2016, and the CAF, as well as president of Capital Animal. He is currently an independent curator and director of the publishing house Los Doscientos and the Encontros de Artistas Novos de la Cidade da Cultura de Santiago de Compostela.

PHoto**Bolsillo**

Comisario / Curator
Rafael Doctor

Coordinación / Coordination
Miriam Querol

Diseño original / Original design
Fernando Gutiérrez

Traducción / Translations
Art in Translation

Producción / Production
Adriana Rodríguez

Corrección de textos / Proofreading
Pía Paraja García

Digitalización de las fotografías / Digitalization of photographs
Vicente del Amo

Preimpresión / Pre-press
Museoteca

Impresión / Printer
Brizzolis

© de las imágenes / images
Manuel Bello

© del texto / text
Rafael Doctor

© de la presente edición / this edition
La Fábrica y Diputación de Granada, 2024

ISBN
978-84-7807-742-7 (Diputación de Granada)
978-84-10024-36-6 (La Fábrica)

DL
M-12199-2024

Agradecimientos / Acknowledgements
Vicente del Amo
Lara Bello
Luis Cátedra
Maite de la Cruz
Mar Giménez
Carlos Gollonet
Julio Grosso
Marina Guillén
Irene Hernández Ventura
José Iglesias
Lola Maleno
Irene Martínez Parra
Lola Ortega
Jonatan Rueda
Pablo Ruiz Luque
Miguel Sasiain
Pepe Tomás
Pablo Trénor Allén

LA FABRICA

Fundador / Founder
Alberto Anaut

Director
Óscar Becerra

Director de La Fábrica Editorial / Publishing Director
César Martínez-Useros

Directora Editorial / Editorial Content Manager
Camino Brasa

Director de Distribución / Distribution Manager
Raúl Muñoz

www.lafabrica.com

DIPUTACIÓN DE GRANADA

Presidente / President
Francisco Pedro Rodríguez Guerrero

Diputada de Cultura y Educación / Provincial Representative
of Culture and Education
Pilar Caracuel Sánchez

Director de Artes Plásticas / Director of Visual Arts
Francisco Baena Díaz

Una coedición entre / A coedition between

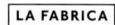 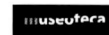 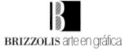 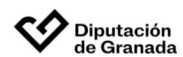 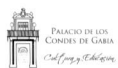

Biblioteca de Fotógrafos Españoles

Xavier Miserachs
Nicolás Muller
Humberto Rivas
Ricky Dávila
Koldo Chamorro
Francesc Català-Roca
Carlos Pérez Siquier
Luis Pérez-Mínguez
Gabriel Cualladó
Javier Vallhonrat
Miguel Trillo
Pilar Pequeño
César Lucas
Fernando Gordillo
Agustí Centelles
Baylón
Isabel Muñoz
José María Díaz-Maroto
Cristóbal Hara
Antonio Tabernero
Alberto García-Alix
Pablo Genovés
Clemente Bernad
Carlos Serrano
Ramón Masats
Óscar Molina
Cristina García Rodero
Pablo Pérez-Mínguez
Joan Fontcuberta
Navia
Ricard Terré
Fernando Herráez
Oriol Maspons
José Ignacio Lobo Altuna
Xurxo Lobato
Genín Andrada
Valentín Vallhonrat
Vari Caramés
Juan Manuel Díaz Burgos
Ferran Freixa
José Antonio Carrera
Manuel Vilariño

Kim Manresa
Rafael Navarro
Toni Catany
Luis Escobar
Marta Sentís
Chema Madoz
Ciuco Gutiérrez
Alberto Schommer
Ouka Leele
Manel Esclusa
Laura Torrado
Ángel Marcos
Ortiz Echagüe
Francisco Ontañón
Carlos Saura
Alfonso
Juan Manuel Castro Prieto
Pep Bonet
Juantxu Rodríguez
Paco Gómez
Virxilio Vieitez
Gonzalo Juanes
Rosa Muñoz
Leopoldo Pomés
José Ramón Bas
David Jiménez
Leonardo Cantero
Jordi Socías
Colita
Alfredo Cáliz
Gervasio Sánchez
Txema Salvans
Matías Costa
Emilio Morenatti
Pierre Gonnord
Ricardo Cases
Sofía Moro
Joan Tomás
Atín Aya
Rafael Trobat
José Cendón
Luis de las Alas
Chema Conesa
Ragel
Samuel Aranda
Rafael Sanz Lobato

Juana Biarnés
Manuel Outumuro
Cristina de Middel
Carlos Spottorno
Aitor Lara
Miguel Bergasa
Javier Arcenillas
NOPHOTO
Laia Abril
Blank Paper
Ricardo Martín
Eduardo Momeñe
Campúa
Jean Marie del Moral
Lydia Anoz
Victoria Iglesias
Nicolás Ardanaz
Pedro María Irurzun
Manuel Bello

Biblioteca de Fotógrafos Latinoamericanos

Luis González Palma
Casasola
Marcos López
Cia de Foto
Raúl Cañibano
Alberto Korda
Tito Caula
Alfredo Cortina
Ricardo Jiménez
Barbara Brändli
Paolo Gasparini
Vasco Szinetar
Soledad López
Luis Brito
Hellmuth Straka

Biblioteca de Fotógrafos Africanos

Jean Depara
Samuel Fosso
Mama Casset
Zwelethu Mthethwa

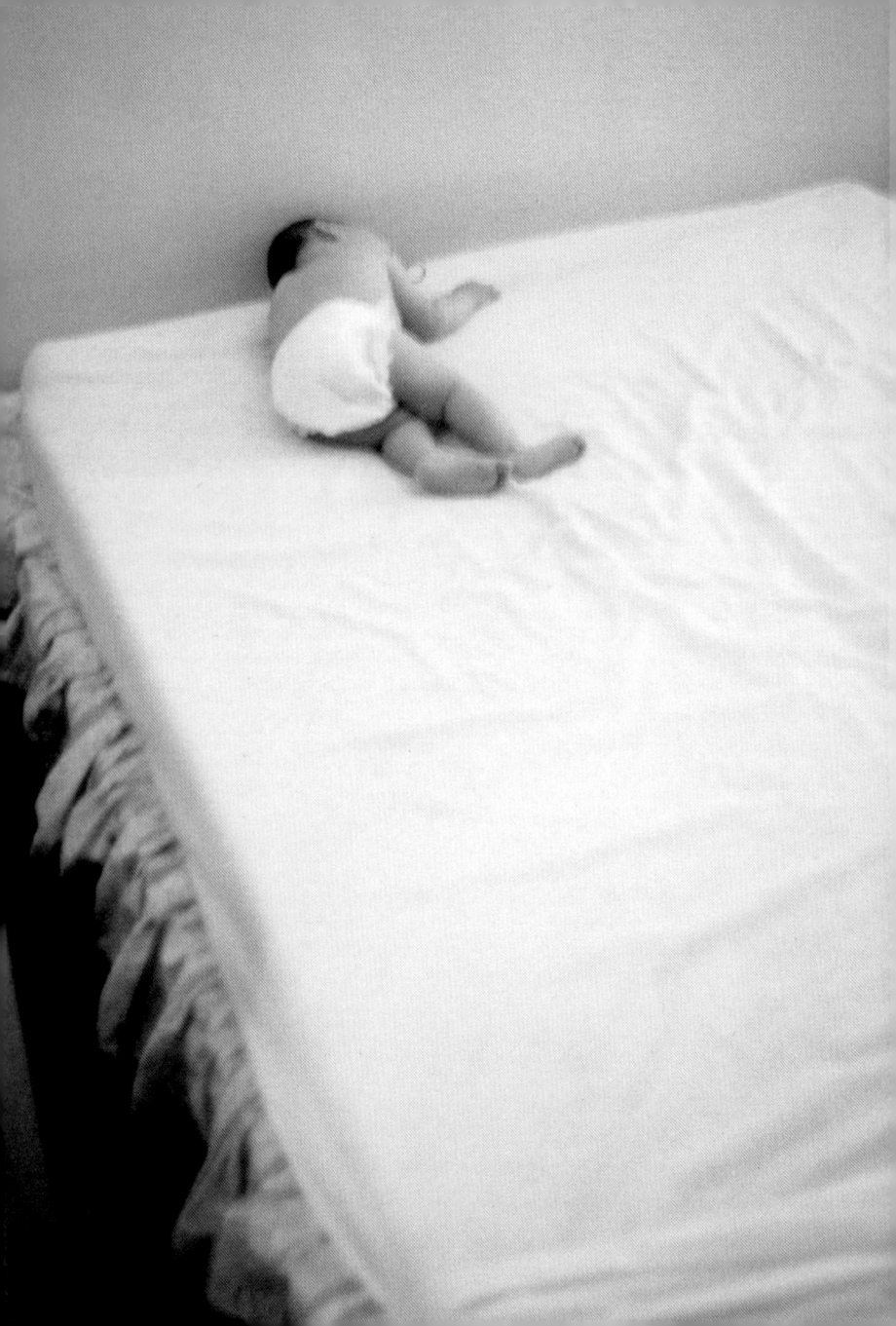